AF314820

HENRI BERALDI

CENT ANS

AUX

PYRÉNÉES

— ★ ★ ★ ★ ★ —

Les Sierras.
Cent ans après Ramond.
Les Grottes du Vignemale.
Le Pyrénéisme alpiniste.

SCHRADER.

PARIS
1902.

CENT ANS

AUX

PYRÉNÉES

HENRI BERALDI

CENT ANS

AUX

PYRÉNÉES

— ★ ★ ★ ★ ★ —

Les Sierras.
Cent ans après Ramond.
Les Grottes du Vignemale.
Le Pyrénéisme alpiniste.

SCHRADER.

PARIS
1902.

1860-1902

(SUITE)

Enfin, un triple chef-d'œuvre :

La longue mélopée des Sierras, d'une si singulière couleur : immense point d'orgue conduit par Saint-Saud avec une rare sûreté ;

Le magnificat de la Villa Russell, de la vie aux grandes hauteurs : le « motif aux trente-deux variations » du Beethoven du Vignemale ;

Le trio de la Difficulté : de Monts, Brulle et Bazillac, d'un brio étourdissant ; toutes les virtuosités vertigineuses.

Et — l'accumulation des traits périlleux annonçant la fin — tandis que le pyrénéisme de sport exécute sur les pics des vocalises de casse-cou, une horloge sonne : 1887, puis 1889.

Depuis Ramond et l'acte de naissance des Pyrénées, cent ans révolus.

La conquête pittoresque est achevée.

Une rumeur confuse s'entend. La foule demande à envahir...

(A compléter).

CENT ANS APRÈS RAMOND.

I.

AU PIC DU MIDI : L'OBSERVATOIRE.

Revenez, Plantade, Monge et d'Arcet, Reboul et Vidal, Dolomieu, Dangos, Flamichon, Palassou, La Peyrouse, Ramond, Cordier, Peytier et Hossard ! remontez à votre pic du Midi. L'observatoire rêvé est prêt. *Achevé le gros œuvre ce jour XXX juillet MDCCCLXXX,* dit une inscription plus simple mais non moins impressionnante que celle de Dusaulx à Saint-Sauveur ; et une autre inscription raconte sobrement la construction de cet observatoire « résolue en 1873 par le général Champion de Nansouty et l'ingénieur Vaussenat, exécutée en huit années par leurs soins continus au milieu de grandes difficultés » avec l'aide de la Société Ramond, de plusieurs « citoyens généreux », Cistac, Baggio, Bischoffsheim, Paul Bert, et des ministres Bardoux, Freycinet, Ferry...

Revenez : le général de Nansouty vous offre son hospitalité désormais légendaire. Vaussenat tient sa conférence prête (dans quelques jours elle sera pour les membres du Club

Alpin) : il fera admirer la solidité de l'édifice défiant les tempêtes, l'ingéniosité des paratonnerres, l'isolement des meubles, l'installation du télégraphe (où vont désormais se précipiter les visiteurs pour une dépêche invariablement la même : *Enchantés! vue magnifique !)* ; il détaillera les quarante-huit observations quotidiennes, indiquera l'endroit où les premiers travaux firent retrouver les vestiges de l'abri, de l'*asyle* de Reboul et Vidal, donnera un souvenir à la tour des officiers géodésiens, démolie par la rage destructive des touristes qui en avaient lancé les pierres, une par une, jusqu'à la dernière en 1859, pour le plaisir de les voir bondir dans les profondeurs ; il indiquera le *mamelon Plantade* et le *pic Costallat,* montrera la *galerie Bischoffsheim* et la *galerie Baggio,* la *porte Gistac* et la *porte Freycinet,* la *plate-forme Sainte-Claire-Deville,* la *roche Monge,* la *roche Reboul* et la *roche Peytier,* et enfin la magnifique *plate-forme d'Arcet.* D'Arcet le grand précurseur, qui il y a un siècle avait obtenu de Turgot, de M. d'Angivillers, surtout du duc d'Orléans, la promesse de quatre-vingt mille livres « à l'effet de pourvoir à l'établissement d'un groupe d'habiles physiciens au sommet du Pic du Midi pour y recueillir une suite d'observations météorologiques dont on attendait de grands résultats » ; la Révolution avait emporté ce projet...

Mais ce qui étonnera d'Arcet, ce sera moins de trouver au Pic du Midi une plate-forme à son nom que — tout simplement — d'entendre, de cette plate-forme, détailler ces pics qu'il a eus sous les yeux sans les voir, de démêler la chaîne, de parler Balaïtous, ou Vignemale, ou Posets, et surtout d'apprendre le nom d'un certain Mont-Perdu, alors que lui, treize ans avant le nivellement de Reboul et l'arrivée de Ramond, se croyait au pic du Midi non plus certes sur un des plus hauts sommets du globe, comme le disaient les géographies de la France au xviie siècle, mais cependant sur le point culminant des Pyrénées, sauf cette restriction possible : *on découvre de ce sommet une autre montagne à peu de distance de là, du côté du Sud, qui est toujours couverte de neige et qui paraît d'une hauteur égale et peut-être supérieure à celle du pic du Midi.* (Le Mont-Perdu ? ce n'est pas sûr. Il y a le Néouvielle et le Pic Long. — Ramond, Chausenque, Tonnellé, Packe, Russell, Wallon, Schrader ! ceci est amusant, n'est-il pas vrai ?)

L'observatoire du Pic du Midi inauguré, à la période de conquête succède pour les Pyrénées la période d'occupation : l'organisation de la conquête.

II.

AU MONT PERDU : LE CLUB ALPIN.

Il faut venir au Mont-Perdu ! avait crié Ramond, ajoutant implicitement : *au Mont-Perdu par Tuquerouye.*

Or quelle est, le 23 août 1880, cette interminable théorie qui s'allonge sur le glacier de Tuquerouye, vingt-trois touristes, trente-six guides et porteurs de Gavarnie, dont Henri Passet pour guide chef, total cinquante-neuf ?

C'est le Club Alpin qui monte au Mont-Perdu.

La Tuquerouye montée en monôme ! Les temps sont accomplis.

Le centenaire de Ramond commence.

Un membre du C. A. F. (Gide, *Bulletin Sud-Ouest),* a laissé un piquant récit de cet assaut. Les préliminaires, le

banquet à l'hôtel de Luz, très long, coupé de danses
locales, discours, et poésie de Paul Labrouche :

> Poètes qui courons sur les sommets perdus
> Pour voir les pics neigeux et les rochers, — tordus
> Comme un nègre qu'on bat l'est parfois sous son pagne...,

l'épuisement amené par les toasts (dont l'un au vénérable
Frossard, qui allait mourir cette année même), le sommeil
prolongé ; le lendemain matin la difficulté à se lever, le
départ très tard en voiture pour Gavarnie, la visite au
cirque, l'essai de quelques-uns sur le Piméné, reconnu
« très ennuyeux et très fatigant » ; le glorieux départ des
vingt-trois pour Tuquerouye, leur dîner au lac glacé du
Mont-Perdu face à la vallée de Bielsa, la nuit très froide, la
mise en marche le lendemain, l'inquiétude de certains, la
tranquillité de Schrader dessinant sans lever les yeux de
son album et celle d'Henri Passet laissant chacun aller à sa
guise. Soudain, une forme humaine roule sur le glacier :
cris d'horreur ! Du coup, Schrader lève les yeux, Passet
daigne tourner la tête.... Ce n'est qu'un pardessus qui s'est
détaché d'un paquet. Quand ces messieurs arrivent au col,
le Mont - Perdu, malhonnête, se couvre . Schrader leur
explique qu'ils perdent peu. Descente sur Arrasas; trois
heures de travail pénible. Un parisien enthousiasmé compare
les rochers d'Ordéça aux tours de Saint-Sulpice....

Sous le Cotatoire, la caravane retrouve quelques orga-
nisateurs de cette tournée pyrénéenne, qui faisant bande
à part sont venus par le port de Gavarnie attendre le gros
de la troupe : Wallon, le commandant Prudent, Tisseyre,
Blaquière et de Saint-Saud. Ils ont passé la veille dans le
célèbre manoir-auberge de Torla une soirée de fête, avec
l'administrateur des douanes, le capitaine d'infanterie, le
lieutenant des carabineros, le curé. Un sergent douanier a
chanté des malagueñas. Ensuite il y a eu *jotas aragonesas.*

Saint-Saud a dansé, Wallon a dansé. Bref, tous les exercices désormais classiques. Le pyrénéisme de fête. (Ohé! ohé! — en espagnol : ollé! ollé!)

Et le Club Alpin couche à la « grange d'Ordéça », gîte désormais organisé. Voici la vallée d'Arrasas dans le domaine public.

(Autre récit très développé et curieux, en catalan, par Ramon Arabia y Solanas, soixante-dix pages de l'*Annuaire de la Société d'excursions Catalane*, 1882.)

Donc, à Gavarnie, banquet (filet à la Marboré, isard sauce Roland, et plumpudding pyrénéen). Le comte Russell y est, en place d'honneur (à droite du président Schrader, la gauche revenant au guide Pujo comme maire) et très étonné de cette place qu'il ne pouvait pas mériter, pense-t-il, ayant eu « le mauvais goût de protester contre l'invasion du Mont-Perdu par quatre-vingts touristes armés en guerre »... (Le Club Alpin mit cette petite phrase, comme on dit, *derrière l'oreille*, pour s'en souvenir à l'occasion...)

Russell se dit éminemment sauvage, chérissant la solitude dans les montagnes, ennemi de la vulgarisation : « vulgariser, c'est rendre vulgaire » ; mais le très original de l'affaire est qu'il va, lui-même, vulgariser un des grands monts pyrénéens...

Il est homme aimable ; il se déclare donc guéri de sa misanthropie par le « splendide festin » et le « généreux accueil » des alpinistes.

Mais voici qu'immédiatement après, le 26 août, il se sent pris d'un besoin violent de s'isoler, de se purifier, de « se rendre coupable d'une excentricité », et d'aller loin des hommes et des alpinistes passer une nuit dans un milieu supra-terrestre : « entre la Terre et la Lune ».

III.

AU VIGNEMALE : LA NUIT.

Aussi bien, dans ces derniers temps tournait-il autour
d'une montagne de lui toujours adorée, vénérée, et que
depuis dix ans il avait délaissée.

Il prit Brioul et le porteur Haurine, partit tard de Gavarnie,
à sept heures arriva au sommet du Vignemale, dîna en dix
minutes au crépuscule. Une petite bise glaciale s'éleva. Il
ingurgita avec délices un punch « plus chaud que celui que
l'on sert dans les cafés », puis un verre de chartreuse, et
alluma un cigare... Après ces concessions à son enveloppe
terrestre, Russell se préoccupa de devenir un pur esprit.
Pour avoir moins froid, et ne pas être enlevé par le vent,
étant entré dans son sac il se fit enterrer dans une manière
de fosse que lui creusèrent ses guides. Il ressemblait ainsi
à un décapité parlant, et la tête du comte Russell, ne tenant
plus à la Terre que par la Pique-Longue, et ayant souhaité le
bonsoir aux deux guides qui descendirent s'abriter un peu
au-dessous, se mit à écarquiller les yeux et à contempler les
merveilles d'une nuit surnaturelle. Sous lui s'était formée la
mer de nuages, couvrant le monde dont elle le séparait ; à
la surface surnageaient tristement, « comme les débris
sinistres d'un continent noyé », tous les sommets dépassant
trois mille mètres, noirs comme du bronze ou du charbon,
où s'ils étaient couverts de neige ayant l'air d'une armée
solennelle d'icebergs. « Tant qu'il fit noir, les nuages faisaient
l'effet d'un océan d'argent ou de mercure solidifié ; mais au
moment de la résurrection subite de la lumière au lever de
la lune, ils devinrent blancs comme de l'écume, et se mirent
à remuer, à s'agiter, à palpiter comme s'ils avaient la fièvre ;

c'était un tressaillement universel... Et partout le silence
effrayant et lugubre de la mort, un silence contre nature,
comme il n'y en a qu'au sommet des montagnes à minuit
pendant le court sommeil de leurs tempêtes. Il me semblait
avoir quitté la Terre »... Une sorte de terreur sacrée le prit:
« je voyais Dieu partout, et sa présence palpable me frappait
d'une espèce de stupeur »... Les nuages en se déchirant ne
laissaient paraître que les abîmes bleuâtres de l'air où les
regards plongeaient « en vain » de deux ou trois mille
mètres ; les glaciers, la neige et les rochers formaient de
grandes masses effroyables et confuses où le blanc et le noir
se heurtaient violemment : « dans l'espèce d'effarement qui
régnait sur le monde, dans les pâleurs dorées que la lune
vint doucement y répandre je croyais voir un univers sur-
naturel.., les étoiles avaient l'air de palpiter, j'étais presque
spiritualisé par le spectacle de ces sphères en feu.... Ce
spectacle est beau partout, mais n'est-ce pas au sommet des
montagnes, où l'air lui-même est imprégné d'une sorte de
religion, que l'on comprend et que l'on sent le mieux les
magies de la nuit?... »

On y sent aussi le froid : il devint intolérable. Néanmoins,
vaincu, Russell s'endormit, car il ne vit pas ses hommes
qui, montant deux fois, trouvèrent au sommet du Vignemale
une tête aux yeux fermés, toute blanche de givre...

CENT ANS APRÈS RAMOND

_(SUITE)

IV.

1881. — EN SOBRARBE : GUARA ET PUSILIBRO.

Pendant qu'il dort, parachevons la découverte du versant
espagnol. Aussi bien est-ce là le travail essentiel.

En 1880-81, Albert Tissandier — voyageur et aéronaute
récemment amené (1879) par Nansouty au pyrénéisme, et
devenu un passionné de Pyrénées et un vulgarisateur du
versant espagnol — présente aux trente mille lecteurs du
journal *la Nature* les vallées d'Ordéça et de Niscle, avec
dessins. (Nous retrouverons Albert Tissandier.)

En 1881 (dans l'*Annuaire*), bonne description de la
Vallée de la Noguera Paillaresa, par Edouard Harlé.
Port de Salau ; Esterri, défilé de Collegats, Pobla de Segur,
la fameuse Conca de Tremp (le pays du *vin de la Conche*
comme dit Chausenque) et passage de la Sierra de Monsech
— « immense barrière » — par le paso del Tarradeto,
descente à Ager. Courte relation (ce sont les meilleures),
très caractéristique.

En 1881, troisième et belle campagne de Saint-Saud, en Sobrarbe (Sobrarbe : Haut-Aragon, pays entre Escra et rio Veral ; récit dans l'*Annuaire* du Club Alpin), complément de l'exploration des sierras.

Avec Henri Passet, en juin, par grande chaleur — pendant trois jours on ne voit pas le soleil quoiqu'il n'y ait pas un nuage au ciel, tant l'atmosphère est plombée — de Gavarnie à Rodellar par le barranco Mascun. De là aux « tristes sierras méridionales ». Le 19 au *tosal de Guara*, sommet de la sierra de ce nom que l'on voit de partout et d'où l'on voit tout, *triste, rocailleuse, entourée de gorges mervcil-leusement belles* (saut de Roland, barranco Mascun), *se dressant fière de son altitude* (2070) *à pic sur la plaine : jusqu'aux montagnes de Gavarnie pas une cime ne la dépasse, et au Midi, par dessus la sierra d'Alcubierre, l'œil se perd vers l'infini, devinant dans l'azur d'un ciel africain la sierra de Cucalon près de Teruel, et le Moncayo vers Soria...;* au Sud et à l'Ouest, barrancos profonds avec forêts de sapins séculaires — Le 20, passage à la Meson-Nuebo, auberge désormais classée comme gîte passable et comme centre d'excursions ; impossibilité, pour cause d'orage, de faire le tosal del Aguila. — Le 21, à cheval, le *tosal de Gratal,* chaleur désagréable, descente dans la plaine d'Huesca, à Loarre, remarquable par les restes de son vaste château, le *Castillo de Moros.* — Le 22, au beau signal de *Pusilibro* ; arrivée « exténué » à Rasal, halte dans la maison du duc de Veragua ; puis au relais d'Anzanigo la diligence pour Jaca. — Le 23, par la *Collada de la Cruz del ermita de la Virgen de la Cueva,* col de la Croix de l'ermitage de Notre-Dame de la grotte, à la *peña d'Oroel* (vue incomparable — que Wilkomm qualifiait de triste — sur le Visaurin, la Collarada et le Tendénère). — Le 24, visite au couvent de Saint-Jean-de-la-Peña (*le Tombeau des premiers rois d'Aragon,* dans le *Bulletin Ramond*),

excursion magnifique — depuis longtemps décrite — bien
rarement faite. Puis remonter à Hecho, Anso, visiter le *pic
central d'Alano* voisin de la Forca, extrêmité Ouest de
la longue chaîne calcaire qui commence au Mont-Perdu
(dans une contrée fort mal connue jusqu'alors, d'Alano,
Pétragème, etc., au Sud du pic d'Anie, contrée que Wallon
est précisément en train de révéler), escalader le Bisouri,
descendre à Canfranc, monter à la Collarada (troisième
ascension connue ; la quatrième est de Labrouche, lequel
Labrouche, en 1881, présente aux lecteurs de l'*Annuaire*
le pic d'Orhy, le premier qui à partir de l'Océan atteigne
deux mille mètres : observatoire incomparable, vue sur la
forêt d'Iraty ; descente en Espagne à Ochagavia. Bon article,
court) et rentrer le 31 juin aux Eaux-Bonnes extrêmement
fatigué par la chaleur.

Un mois après, le 2 août, avec Clément Latour, repartir
des bains de Panticosa, où il a été félicité par le Président
du Conseil espagnol M. Sagasta, faire le *tosal de la Autoria*,
voir les Mallos de Isun, la chapelle de Santa-Orosia ; par
un triste chemin se retrouver à Meson-Nuebo pour prendre
la *sierra de Monrepos* et rattraper le *tosal del Aguila*,
revenir à Cauterets en faisant le pic d'Enfer par une variante
d'arête Sud-Est. *Mais*, objectait Latour, *on ne l'a jamais
fait, Monsieur le baron. — Ce n'est pas une raison. Voyez,
guide, les rochers paraissent assez bons, essayons par
cette nouvelle route. — Puisque Monsieur le baron le
veut....* Ainsi fut fait. Post-scriptum à la conquête du pic
d'Enfer (vieille de quatorze ans maintenant!).

Entre temps, qui est venu visiter à son tour le Pusilibro
et noter pour le *guide Joanne* cet observatoire, « un des
plus merveilleux des Pyrénées, égal au Pic du Midi et au
Cotieilla » (vue : pic d'Anie, Collarada, Tendénère, Mont-
Perdu, Posets, Cotieilla, Néthou, Turbon, sierra de Aguero,

tosal de Murillo, sierras de la Peña, d'Oroel, de Cancias, de Gratal, de Guara, Huesca, sierra d'Alcubierre, Saragosse, sierra de Moncayo)? — Lequeutre, engagé, avec Henri Passet, dans une dernière campagne pyrénéenne, une campagne de sierras (qu'il n'a pas racontée, mais que — ce qui revient au même — l'on retrouvera en itinéraires dans le *Joanne*). et visitant les Mallos (quilles) de Aguero, et les Mallos de Riglos (le portail de calcaire rouge sur la route d'Huesca à Pau), et allant de la Venta de Peña à Rodellar par le Pantano d'Arguis.

(Dorénavant, Lequeutre se consacre à la confection du *Guide Joanne* des Cévennes. Il va être en 1883 le second à Montpellier-le-Vieux, la merveille découverte par Louis de Malafosse.)

Et dès la fin de 1881 — sans parler d'un voyage dans les Asturies en 1882 (où il jette un premier coup d'œil d'envie sur un grand massif à peu près inconnu, les « pics d'Europe », *picos de Europa,* dont il va rêver désormais) — Saint-Saud a les éléments d'un *Tableau de nouvelles données géographiques,* calculées par le commandant Prudent d'après ses observations, et qui forme un dictionnaire de six ou sept cents localités espagnoles.

Et le commandant Prudent — récapitulant les travaux des membres du Club Alpin dans les Pyrénées espagnoles (*Annuaire*), et résumant : Schrader 1700 visées, Wallon 1700, Saint-Saud 610, Gourdon 430; mesures d'altitude, Lequeutre 180, Belloc 120, Labrouche 180 — peut déjà opérer pour les Pyrénées espagnoles, entre Roncal et Esterri, sur la carte de Capitaine, des rectifications considérables d'emplacements.

V.

ORAISON FUNÈBRE DU VERSANT SUD.

En 1881 Wallon fait une belle excursion aux « confins de la Navarre » (*Annuaire*) : c'est-à-dire dans cette région espagnole mal connue, dont nous parlions plus haut, qui est derrière le pic d'Anie et les montagnes de Lescun. Avec Pierre Pujo : de Lescun par le port d'Anso et les superbes gorges de Oza (nom terrible et ronflant à réjouir Wallon : *Boca del Infierno !*), passer entre l'Acostatiza-Achert et la Forca-Alano, et descendre à Hecho. — Se placer (sur la *punta de Picoya* et le *Vardespetal)* à cheval sur les vallées d'Hecho et d'Anso ; descendre à Anso (y faire la connaissance du curé don Antonio Escartin, ami de Saint-Saud). — Se placer (sur la *punta de Idoya)* à cheval sur les vallées de Anso et de Roncal ; descendre dans cette dernière, en Navarre, à Isaba, le jour de la fête traditionnelle de la rencontre des délégués de la vallée de Roncal avec ceux de la vallée française de Barétous (ici banquet animé). — Visiter le 14 juillet le défilé d'Isaba sur le rio Esca « où nous ne cessons de nous extasier sur la hardiesse des murailles », grotte d'Articomendia, digue et bassin de flottage et vallée de Bellagua, toucher la frontière à Eraitce, revenir prendre la vallée de Belabarre, col et gorges de Zoriza, redescendre en Aragon au *cuartel* de douaniers de Zoriza (à l'origine du rio Veral, sous la sierra de Mazelarra et la montagne-frontière de Pétragême), revenir par le défilé de Castillo à Anso : « quel beau pays pour les artistes ! » — Repasser à Hecho par la sierra de Forquello ou de San-Tome.

Sur ce joli thème, grande complication de noms topographiques : c'est la passion de Wallon — du père Wallon, comme on commence à l'appeler — c'est là qu'il ne sait pas se retenir. Ce serait parfait si l'on était entre pyrénéistes spécialistes dans le *Bulletin du Sud-Ouest*. Mais dans l'*Annuaire* toutes ces sous-montagnes de mille à deux mille mètres sont pour ne faire nulle figure à voisiner avec les pics de quatre mille des Alpes ; ajoutez la débauche des noms, qui maintenant tournent au basque, *Borrequiles de la Pasara, Chamenchuya, Zalardoqui, Aztaperata, Igardaqua*, et ceci sera pour provoquer quelque énervement.

Or il va échapper à Wallon, pour finir, d'insinuer qu'il a fait en 1881 une série de courses dans la grande et maintenant classique région du Mont-Perdu : Fanlo, Escuain-Niscle, etc., mais qu'il n'en veut rien dire (il en place tout de même un morceau dans le *Bulletin du Sud-Ouest* « en suivant pas à pas son carnet de courses » : *Le Pueyo de Vallerin*), parce que « le récit demanderait à l'*Annuaire* un espace disproportionné avec l'intérêt que pourraient présenter les détails nouveaux à ajouter à ceux déjà connus ».

En d'autres termes, Wallon lui-même reconnaît qu'il faut finir.

L'*Annuaire* l'estime ainsi et de plus, frémissant à l'idée d'un danger possible (le spectre du *recommencement !*) met du coup ce petit avis en commentaire :

« *Tout le massif calcaire du Mont-Perdu, Niscle, etc., a, en effet, été exploré et décrit avec soin depuis quelques années par MM. Ch. Packe, comte Henri Russell, Lequeutre, Léonce Lourde et Schrader. Voir les Bulletins de la Société Ramond..., les Annuaires du Club Alpin (relations de MM. Henry Russell, Lequeutre, et surtout les articles accompagnés de dessins, panoramas et cartes, de M. Fr. Schrader qui a exploré toute la région, et en a levé, dessiné et dressé la carte. Il n'y a donc plus qu'à glaner dans cette partie des Pyrénées, ainsi que le constate M. Wallon.* Note du Comité de rédaction. »

Oraison funèbre. Ainsi subitement finit dans l'*Annuaire* du Club Alpin la montagne espagnole. Amen.

Wallon trouve bien encore en 1882 à faire passer un complément, pour détailler qu'il est allé de Gavarnie à Borau près Jaca, retour par Villanua sous Canfranc, la vallée de Garcipollera et la vallée d'Acumuer (que c'est vieux, à présent, la vallée d'Acumuer !) mais c'est de l'Aragon après dîner. Tout est fini, et en thèse générale l'*Annuaire* est désormais fermé à la copie sur les Pyrénées espagnoles. « Schrader et Lequeutre monopolisent », s'écrient les gens soupçonneux. La vérité est que, quels que soient ceux qui ont manœuvré à Paris les vannes de la littérature pyrénéiste, il faut leur savoir gré, et immensément, de nous avoir sauvé de l'inondation, et d'avoir relativement préservé les Pyrénées espagnoles, ce beau sujet si magistralement traité par la Pléiade, de la fâcheuse répétition.

VI.

1882. — JEANBERNAT : LE GRAND LAC DE RIOS.
BRULLE ET BAZILLAC : LA PUNTA DE COMOLO-FORNO.

Tout ce qui se passera maintenant arrivera trop tard, et comme en supplément.

Voici Jeanbernat, qui fait une découverte de premier ordre : trop tard !

Le docteur Jeanbernat représente le pyrénéisme toulousain des successeurs de La Peyrouse : pyrénéisme savant, herborisateur, très épris, mais un peu timide ; passion d'amoureux transi qui n'ose pas assez.

Dès longtemps il s'était passionné pour l'Aran, les sources de la Garonne, le Haut-Pallas, et en avait écrit (dans le *Bulletin de la Société des Sciences physiques et naturelles de Toulouse)*, mais sans éclat. Or, les montagnes ont besoin d'être *lancées*, il faut savoir les faire partir, par un de ces « démarrages foudroyants » dont le Mont-Perdu de Ramond est resté le modèle.

Jeanbernat, dès 1873, avec E. Filhol et le pharmacien Timbal-Lagrave, avait monographié (*Bulletin de la Société des Sciences de Toulouse*) une « exploration scientifique » du petit *massif d'Arbas*, entre le département de la Haute-Garonne et la vallée dela Ballongue : il y a là, avec une grotte de Pène-Blanque, un *pic des Aouérados* (des Noisetiers) de 1539 mètres et un *pic de Paloumère* de 1610. En matière de Pyrénées françaises, c'est peu. Lequeutre — il manquait quelquefois de proportion — s'est pourtant jeté sur ce massif d'Arbas, pour son *Joanne*. (Pour passer avec seize cents mètres il faudrait être espagnol : la *sierra d'Arbas*, le *tosal de Paloumère* et la *peña de los Aouérados;* oh ! alors...)

Avec Timbal-Lagrave, Jeanbernat avait aussi monographié *le Capsir* (genre herborisation) ; tandis que son ami le docteur Jougla (mort tout jeune) écrivait la longue monographie d'une *Excursion au Goueil de Joueou* et publiait les *Pyrénées inconnues* (Capsir, Donnezan, Laurenti) Paris, Savy, 1880.

Mais le curieux de la carrière de Jeanbernat fut qu'ayant commencé par une étude sur *les Lacs des Pyrénées* (dans le *Bulletin de la Société des Sciences de Toulouse*, 1874) où il en détaillait six cent douze, dont *quatre* grands au-dessus de cinquante hectares : *Lanoux, Estagn de Mar, Gregonio* et *Packe,* il finit par découvrir, lui Jeanbernat, le cinquième grand, peut-être le plus grand de tous.

Un jour de 1882, se trouvant au lac du port de Rieux, il eut, comme avait eu Gourdon, l'idée d'aller voir d'où venait le ruisseau qui tombe du Sud. Il franchit le seuil, et derrière, où Gourdon l'hiver avait vu une vaste plaine de neige, il trouva l'été le *grand lac de Rieux* (*Rios, dels Rious*, des Ruisseaux), sauvage, qui là, depuis le commencement du pyrénéisme, jouait à cache-cache avec les explorateurs...

Mais Jeanbernat n'arrivait plus à temps pour produire de l'effet. A peine Lequeutre indiquera-t-il d'un mot le grand lac de Rious dans le Joanne. Schrader propose bien de l'appeler *lac Jeanbernat,* mais cette proposition ne prend pas. Le mouvement de fièvre sur les Pyrénées espagnoles est passé. Trop tard !

Le grand lac de Rios nous met sous le Bécibéri, donc nous ramène près du Comolo-Forno, dont le piton extrême (3028), *difficile,* reste invaincu.

Cette même année 1882, Brulle et Bazillac l'emportèrent.

VII.

SUITE DES SIERRAS.
SANTO-DOMINGO, SEVIL, MONSECH.

Il n'y aura d'exception dans *l'Annuaire* que pour Saint-Saud ; et en effet, il importe qu'il puisse y raconter jusqu'au bout sa campagne si curieuse et si tenace.

En 1882 (*Courses en Navarre et en Aragon*) attaquer par la Navarre ; pays relativement agréable, « où l'on n'a

pas à souffrir *la grande misère sur table* » ni la grande
misère nocturne. Avec Henri Passet, de Larrau aller s'installer quelques jours à Ochagavia, rayonner sur des sommets
voisins, porter l'éclimètre sur la *sierra d'Abody*, « croupe
herbeuse d'un médiocre intérêt » (mais près de là est la forêt
d'Iraty, de laquelle Roncevaux n'est pas loin), descendre
ensuite à Salvatierra, de là visiter le *tozal de Santo-Domingo*
— encore une station géodésique espagnole — sur cette longue
cordillière qui de la sierra Sevil (rio Cinca) à la sierra de la Peña
(rio Aragon) court sur cent kilomètres, brisée parfois, jamais
interrompue. Vue merveilleuse, comme sur tous ces grands
belvédères projetés si loin au Sud : Sevil, Guara, Pusilibro,
la plaine de l'Èbre à l'infini ; la grande chaîne calcaire
de l'Alano au Mont-Perdu en son entier, l'horizon fermé par
des lignes bleuâtres de Sierras. Belle descente sur Aguero
et ses superbes Mallos (quilles, murailles verticales), que
Lequeutre avait recommandé de visiter. Murillo-du-Gallego,
Mallos de Riglos, Bentué. Sommet de la *sierra de Presin*,
indiqué à priori comme à faire, par le commandant Prudent ;
grand travail pendant quatre heures : on embrasse les
Pyrénées de la Maladetta aux montagnes de Pampelune.
Passage à Arguis (sur la trace du géologue de Margerie,
allant de Huesca à Gavarnie avec Brioul). Salto de Roldan :
revu avec plaisir, le Salto fantastique ! *Sierra de Gabar-
diella* : vue presque impossible à déterminer, dédale de
gorges, de pitons, de rochers abrupts. Grande chaleur.
Visite à la *sierra Sevil* (1377), longue crête suivie par un
chemin muletier ; vue assez peu intéressante. Ici finissent
les Pyrénées, au Sud s'étend la riche plaine de Barbastro. A
vol d'oiseau on est à soixante kilomètres du Mont-Perdu.

(Largeur des Pyrénées espagnoles ! Pour s'en figurer
l'équivalent : faire passer une ligne par Orthez, Tarbes,
Lombez, Muret, Castelnaudary, la Montagne Noire, Carcassonne ! De Barbastro, ou mieux de Monzon, le Montréjeau

espagnol, au pic de Crabère, il y a la distance du pic de Crabère à Toulouse ! Etonnez-vous si les habitants des sierras, quand on leur parle des Pyrénées, étendent le bras vers la lointaine chaîne frontière en disant : *les Pyrénées ne sont pas ici, elles sont là-bas, aux montagnes de neige !*)

Par accident à l'éclimètre, brisé par le vent sur la Sierra-Sevil, tournée abrégée : rentrée par Fiscal et Torla, où le nouveau curé, monser Evaristo, montre son talent comme joueur de guitare, tandis que doña Ramona Vio danse quelques jotas avec Saint-Saud « qui est loin d'égaler dans cet exercice l'administrateur des douanes, M. Zurita ». Puis continuation du plaisir à Gavarnie, jour de la fête locale, (juin) à l'hôtel Vergez-Bellou, nuit et jour, avec des douaniers espagnols ayant quitté pour un moment de distraction leur *presidio* (leur bagne) de Boucharo, et des espagnols venus de Broto : danses françaises, et jotas dansées, chantées même avec un entrain et une verve inimaginables. Puis ascension du Tendénère (particulièrement curieuse pour celui qui possède bien son répertoire de sierras) et du Vignemale (route jusqu'à la cascade d'Ossoue avec le prince de Joinville).

En octobre, passage du port de Gavarnie avec le Père Cassagnère, de Héas, et Pierre Vergez-Bellou de Gavarnie, allant rejoindre dans la vallée d'Arrasas des chasseurs anglais, grands massacreurs d'isards : tous les guides de Gavarnie sont de cette chasse.

Avec Gregorio Pascual, alcade de Torla, pour guide, route au Sud, vers la triste région de Sarrable (terre de gîtes infects !). « Décrire mon itinéraire serait chose fastidieuse. » Il y a des moments où cette exploration des sierras est un pensum. Saint-Saud, énergiquement, tient bon.

Au pueblo de Naval, rencontre de deux Français marchands de foulards, que Saint-Saud constate bien plus avancés que lui dans le pensum, puisqu'ils ont passé dans *tous* les villages de Catalogne et Aragon... Et toujours ces bourgades ont le même cachet : « les señoras en mantille traînent leurs robes empesées dans les ruelles étroites et fangeuses où les pourceaux vont en liberté, et où les jurons des *arrieros* se marient aux accords d'une guitare pincée derrière quelque balcon que dissimule une tenture défraîchie ; puis la nuit c'est le chant plaintif du *sereno* ». De Naval, passage de Sobrarbe en Ribargorze, et arrivée à Olvena : ici, un des plus beaux défilés des Pyrénées, la gorge absolument étonnante où coule l'Essera ; brisure à pic de plusieurs centaines de mètres de haut, singulièrement étroite dans le bas, et où entre deux fissures descend un escalier menant à un pont : « le chemin des enfers »... Visite à la *sierra de Carrodilla* (où est la station géo-désique de Bũnero), halte à Torre-de-Obispo ; merveilleux observatoire de *Castillo-de-Laguarres* (1100) plongeant sur Benabarre, son pays de forteresses maures, et au Nord sur la vallée de l'Isabeña, affluent peu connu de l'Esera. Descente à la petite ville de Graus : rencontre d'un Français achetant des perdrix pour les expédier à Bordeaux. Très beau *tozal de San-Martin*, au Sud de la Pena-Montañesa. Rentrée par la Ainsa et Fiscal.

Et arrivée à Torla le 12 octobre, jour de la fête locale. Couleur mêlée ; le sénateur espagnol du district, Lacadena, et une bande de Français : Alicot député d'Argelès, le greffier de Luz, le patron de *l'Hôtel des Voyageurs* de Gavarnie, sa tante, son cousin Sempé de Luz, Palasset le maître d'hôtel de Gèdre, sa sœur, une partie de la tribu des Passet-Pujo et leurs femmes. C'est très gai. Avant la grand-messe, procession : des jeunes garçons la précèdent vêtus de neuf, se drapant dans des châles « avec un chic inouï », et aux sons des guitares et des violons exécutent une danse religieuse. Après la grand-messe, dîner.

Promenade. « C'est le crayon d'un Doré, d'un Robida qui serait nécessaire pour dépeindre le spectacle » : ce spectacle, c'est la jota ! les doigts claquent pour imiter les castagnettes. Souper, lâcher subit de poulets sur la tête du député Alicot, c'est un honneur. Nouveau *baile* au manoir Vio, en présence des curés espagnols : jotas, fandangos, Saint-Saud s'y livre « avec ardeur » et « commence à s'en tirer ». Le lendemain, remusique, reguitares, resouper, rejotas, refandangos ; Saint-Saud de plus en plus premier sujet : « dans les danses françaises nous surpassons les Espagnols, mais quand vient la *jota* à eux le prix de l'agilité, de la grâce, de l'élégance ». Ce n'est plus le pensum, c'est le ballet !

Le lendemain sénérade de la *ronda de los mozos* (jeunes gens); départ en caravane de vingt-trois pour Boucharo, et au port de Gavarnie, subitement une tempête de neige, inquiétante...

La campagne de 1883, avec Gregorio Pascual et son mulet (*Nouvelles courses en Sobrarbe et Ribagorze*, dans l'*Annuaire*), dix-huit stations, se passe dans les mêmes régions que celle de 1882. Ces secondes fois sont terribles ! A Torla, des mulets chargés de tentes, batterie de cuisine, armes à feu, et la figure ahurie d'un cuisinier anglais ; tout ceci est pour M. Buxton, de l'Alpine-Club, qui va chasser en Ordéça avec des gentlemen de ses amis. Rencontre aussi du notaire Constancio Gil, l'ami de Wallon. Un moment de gaieté dans la vallée de Broto, puis le mauvais temps et le mauvais pays, le Sarrable, la misère nocturne : « j'en souffre autant qu'à ma première exploration en Espagne..., quinze jours après mon retour on pouvait lire encore sur cinquante-sept points rouges, gravés sur ma main et mon poignet droit, l'insomnie de mes nuits... Les misères ne m'ont pas été épargnées cette année-ci ! »

La nouveauté fut la station du *Monsech*, cette longue cordillière de cinquante kilomètres, étroite, laissant passer par deux profondes entailles (les *portails*) les deux Nogueras ; l'entaille de la Ribagorzana tellement étroite et escarpée que jamais aucun sentier n'a pu y être tracé. D'où trois Monsech, dits d'Aragon, Central, et de Rubiès. La vue du Monsech d'Aragon (1319) peu intéressante sauf vers les grandes Pyrénées. Celle du Monsech central (1677) est « moins intéressante que je ne supposais : toute la province de Lérida est à mes pieds cependant ».

Retour par Roda, région au Sud du Turbon (les montagnes à l'Ouest, *Morrones-de-Guel, sierra de Merli*, etc., ont un aspect imposant, « un cachet assez beau »). Santa-Liestra sur l'Esera, bonne hospitalité dans un moulin : « plus de table soutenue par une corde, plus de brasier fumeux au milieu de la chambre, plus de bois résineux ou de lampe à forme antique qu'on suspend n'importe où, plus de fourchettes et de cuillers en buis, plus de *porron*, le vase omnibus, plus de salle à trois ou quatre alcôves ; mais là, dans ce *molino*, un demi-confort propre qui vous met en gaieté ». Boltaña, Fiscal, et pour finir gaiement, à Torla, l'éternelle jota (sous prétexte de divertir un ingénieur français venu de Tarbes) : l'administrateur des douanes, don José de Otero, joue de l'accordéon, il y a un guitariste ; danseurs, Pascual, son beau-frère, Saint-Saud ; « cela pêche par le côté féminin : il n'y a que doña Ramona » (la bonne grosse doña Ramona) « et les deux servantes, peu importe... »

VIII.

LES BAINS DE PANTICOSA.

Après tant d'étapes en Espagne, si dures, que nous venons de faire avec Saint-Saud, ne prendrons-nous pas un instant de repos. Mais où ?

Aux bains de Panticosa, comme naguère nous nous sommes reposés à Luchon avec Liégeard.

Sur les bains de Panticosa, la page typique a fait défaut jusqu'ici. La voici. « *Que manque-t-il à ce coin original, farouche et doux à la fois, pour devenir une des stations les plus fréquentées de l'Europe? le soleil? les roches fauves? les pics élancés? les neiges? l'eau ruisselante? les hôtels propres? le confort? la bonne chère? le charme d'une nombreuse société? Non certes, rien de tout cela n'y fait défaut, mais ce qui manque à Panticosa, c'est une route carrossable venant de France, et un peu plus de célébrité.* »

C'est par la France, par le Marcadau qu'il faut arriver. D'une dernière terrasse brûlée par le soleil, on aperçoit subitement sous les pieds, au fond du cirque, un beau lac aux eaux bleues au milieu d'un gouffre de pierrailles, un jardin régulièrement tracé, autour duquel s'alignent en forme de fer à cheval cinq à six constructions rectilignes, casernes ou phalanstères, aux toits d'ardoise reluisants, aux façades blanches comme neige, aux cheminées bien alignées d'où s'échappe une fumée bleue. « Vous souvenez-vous de la première bergerie qu'on vous donna quand vous aviez trois ans ?.... Quelque Gargantua sera venu s'amuser à la bergerie dans cet entonnoir de montagnes : ces maisons semblent un jouet d'enfant, puéril et colossal. Une petite église, deux clochers écrasés, des troupes de fourmis humaines autour du lac, un petit bateau noir... Tout cela est si bas, si loin, si profond, si petit, si improbable, si différent de ce qu'on attendait, si drôle et si charmant à la fois, si naïf et si pompeusement ordonné, qu'on se frotterait volontiers les yeux pour être bien sûr que le bateau n'est pas un morceau d'écorce, que les fourmis sont bien des hommes et les bergeries des hôtels à trois étages... »

On descend au petit établissement *del Estomago,* de là en quelques minutes au bord du lac, où tombe un ruisseau babillard venu du lac de Brazato. La foule va et vient, bigarrée et remuante ; les toilettes élégantes des dames de Madrid ou de Saragosse se croisent avec les costumes locaux. A travers le bruit des conversations on entend le grondement des cascades...

Rien de plus étrange vu de près, que ces casernes longues et rectilignes comme des paquebots transatlantiques, les interminables corridors scrupuleusement propres (?) bordés de deux rangées de portes : le soir des rangées de lampes les éclairent, le bruit lointain des pas s'y mêle au murmure des guitares, à la cadence des jotas et au grondement assourdi des cascades.

« Deux fois par jour un vacarme effroyable se produit vers la trouée par où le lac s'échappe vers la gorge d'El Escalar et vers la plaine. Cris, sonnettes, coups de fouet, piétinement : c'est la diligence bleue, jaune et rouge qui arrive dans son nuage de poussière, glorieusement enlevée au galop par son attelage de dix mules. Les cris et les coups redoublent, les mules font jaillir le feu sous leurs quarante sabots : tout ce tourbillon vient s'arrêter brusquement devant l'établissement des bains, le bruit s'apaise, les mules sont dételées en un clin d'œil, et le nuage de poussière continue seul sa route vers le côté où le vent le pousse »...

De qui la page ? de qui ce tableau (flatté !), ce Fortuny brillant ? de Schrader.

Soumis à la discipline générale, il ne veut plus parler des Pyrénées espagnoles dans l'*Annuaire* du Club Alpin. Mais ce coup de canif dans la consigne l'a tenté, le morceau est si joli ! essayer de décider à aller aux bains de Panticosa « au moins un des membres du Club Alpin sur quatre mille » ! Et puis c'est le fruit défendu, une incursion sur les terres de Wallon. Aussi bien, au temps où nous sommes et où les levés sont achevés n'y-a-t-il plus guère de traité.

Schrader a voulu monter — avec Haurine — le pic d'Algas,
pour mettre ses travaux d'accord avec ceux de ses confrères.
L'Algas qui passe pour être difficile. « Je me souviens
d'avoir lu dans le récit de notre collègue M. de Saint-Saud
des détails propres à faire réfléchir. D'après lui le pic
d'Algas serait la plus terrible pointe qu'il ait affrontée dans
les Pyrénées. *Mais faut-il l'avouer ? sauf avec du verglas
je ne crois guère aux pics terribles. C'est une affaire de
tempérament...* »

Il va bien, Schrader !

IX.

LE HAUT-PAILLAS ET L'ANDORRE.
SALORIA, MONTEIXO, COMA-PEDROSA.

L'*Annuaire* du Club Alpin fermé , reste ouvert le
Bulletin Ramond, très à court de copie maintenant (*nous
n'irons plus aux monts !...*) et obligé de faire flèche de tout
bois, de reprendre d'anciennes courses de Russell : si la
matière excursion s'épuise, on se rattrape sur l'histoire
naturelle en copieuses monographies ; le coléoptère gagne
à la main et le mollusque pullule.

Etait-il juste de toujours biffer les Pyrénées à l'Est des
Monts-Maudits ? aurait-on dit naguère, (des Encantados,
dit-on aujourd'hui).

La montagne catalane a droit de ne pas être ignorée. A
la condition de n'y pas insister. Car des trois éléments dont
se compose ici une exploration, l'élément *ascension*, l'élément *voyage en Espagne*, l'élément *intérêt géographique*,
le premier est insignifiant, étant donné ce qui se fait
maintenant en ascensionnisme ; le second (arrivées aux
gîtes, misère, nourriture et coucher, choix des guides

locaux, danses, etc.), commence à être bien usé ! Reste le troisième.

Gourdon, avec trois campagnes, sera pour un moment la providence du *Bulletin Ramond*.

En 1881, après une tournée en Aran, et une course dans les montagnes du Lys (où il voit sous le pic d'Estaouas le petit lac, peu nommé jusqu'ici, de Sigilinda), voyage en Andorre avec Belloc : ascension du *pic Nègre d'Embalire,* des pics de *Percanella* et *del Pla*. — Grosses difficultés et discussions cette année-là avec les Andorrans, qui font plus d'embarras qu'ils ne sont gros et se paient une révolution. Nos deux voyageurs sont carrément expulsés, comme suspects.

En 1882, voyage dans le Haut-Paillas (pays de la Haute-Paillaresa, dont Esterri est le point de rayonnement). — Serbi. Ascension du *Mont-Rouge d'Espagne* (2850), lacs de la Galera, port de Tabescan, lacs de Framisella, Tabescan, Lladorre, Val Ferrera, Alins (fête locale). — Puis un des beaux observatoires de la Catalogne, le pic de *Saloria* (2750). En Andorre, deuxième ascension de la *Coma Pedrosa* (la première, nous l'avons dit, est du comte de Monts, mais qui n'en avait rien écrit. Ces ascensions muettes ne constituent jamais des priorités parfaites. Voulez-vous être complet montagnard, soyez écrivain !). A la descente au N.-N.-O. sur un lac anonyme, Gourdon prend un involontaire bain froid, pour sécher ses habits il lui faut les quitter et se promener quelque temps en tenue de paradis terrestre avant la faute. — Pic de *Médacourbe*.

En 1883, avec les guides Bajun et Angusto, de Luchon, nouvelle exploration du Haut-Pallas : « première ascension française » d'un bel observatoire catalan très facile, le *Monteixo* (Montech) « que plus d'un habitant du Val Ferrera

devait avoir mis sous ses pieds pour jouir de la vue ».   De
là, en face et tout près, vue sur le massif de la Pique
d'Estats (Estax, Sullo ou Sottlo). Première de l'Estax par
l'Espagne, puis l'Estax par tous les côtés. Col de Rioufred.
Lacs de Sullo. — Puis le bel observatoire du *Besero* (2471)
(il complète la trinité avec le Saloria et le Montech). Descente
sur Tabescan.

Au total, très belle exploration d'une série de montagnes
encore hautes et d'un pays qui a de la saveur à la condition
de ne pas l'aborder directement au sortir des grandes
Pyrénées ou de l'Aragon. Moisson de photographies. Les
récits rappellent l'entrain d'autrefois: « les premiers rayons
de l'aurore trouvent les explorateurs debout », et avec
ardeur « les sacs aussitôt sont bouclés» (on en a bouclé, des
sacs, dans la littérature de montagne!). Ils se complètent
dans le *Bulletin Ramond* par une reprise d'ensemble :
Aux rives de l'Embalire, ou ce que j'ai vu en Andorre,
où Gourdon prend une forme romantique. Et ceci est le
premier récit développé et complet qui soit fait sur
l'Andorre, vallées et montagnes.

Mais peut-être a-t-on trop bien traité et surfait cette
Andorre grande comme un mouchoir de poche....

Gourdon a publié en 1844 à Paris, chez Charpentier, un
petit volume : *A travers l'Aran, itinéraire d'un touriste*,
in-12, de 148 pages, avec figures ; c'est un arrangement, trop
écourté, des belles courses que nous connaissons déjà par
ses articles séparés.

CENT ANS APRÈS RAMOND.

(SUITE).

X.

RUSSELL PREND POSSESSION DU VIGNEMALE.
LE GRAND PIC DE CLARABIDE.

A trois heures du matin le froid devint intolérable. Russell se réveilla « bleu et gelé », entendant grelotter et tousser ses hommes, et soupirant après « la délivrance », l'aurore. A cinq heures et demie une bande dorée illumina l'Orient, une demi-heure après vint le premier rayon de soleil. « Ce fut une des plus grandes jouissances physiques que j'ai éprouvées de ma vie. » On mit bouillir une bouteille de bordeaux, le soleil fit le reste, les trois hommes s'endormirent jusqu'à dix heures, et à midi, après dix-sept heures de station au sommet du Vignemale, entamèrent le retour à Gavarnie.

Le comte Russell était monté libre, il descendait enchaîné. Dans la préface de ses *Souvenirs* il s'était indiqué — à mots voilés — comme un homme à passions orageuses, incapable de se plier aux lois de la société : mais ces grands passionnés instables finissent toujours par trouver la personne qui les fixe. Russell était allé demander au

Vignemale les émotions d'une nuit, il y fut pris, et dès lors n'eut plus qu'une idée : « se mettre » avec la plus haute cime des Pyrénées françaises, faire domicile commun.

Au fond ce n'est point là un coup de tête, mais le résultat de mûres réflexions. Après un passé de vingt ans d'explorations, Russell est de plus en plus épris des régions hautes et décidé à en jouir avec suite.

Mais — ceci, il l'a avoué depuis — recommencer dans les Pyrénées sauvages la vie « terrible » d'autrefois, « aussi dure que l'exploration du Groënland ou du Sahara réunies », avoir faim, jamais ! Plutôt prendre sa retraite !

Il est pour renverser toutes les idées reçues, ce Russell ultranerveux et à endurance capricieuse — organisme de fer, qu'une heure d'insomnie ou de faim fait plier — gardant une rancune implacable aux contrariétés passées et souffrant encore en 1880 des privations subies au Cotieilla en 1865 ! (Mais les personnages vrais sont bien autrement complexes et humains que les figures légendaires et tout d'une pièce.)

Donc : 1° s'établir à demeure sur un sommet de premier ordre pour goûter la vie sublime ; 2° choisir cette station près d'une base de facile ravitaillement.

Ceci posé, rien de mieux que la plus élevée des Pyrénées frontières, que la cime favorite de Russell depuis sa tendre enfance : le Vignemale. Et cette détermination, toute de sagesse et de repos , aura encore l'allure d'un redoublement d'audace, et le grain d'*excentric*.

Mais quel genre de domicile établir ? la cabane ? ou la grotte ? c'est un point très controversé alors en matière de hauts abris, que la supériorité des cabanes sur les grottes ou réciproquement. D'où l'intérêt, sur le moment, de l'expérience que va faire Russell.

De « construction », il n'en veut à aucun prix, pour ne pas déshonorer et profaner la nature. « C'est hideux. »

Dès lors, c'est la grotte. Russell la commande à Theil, l'entrepreneur de Gèdre, auteur de l'abri du Mont-Perdu. Elle sera creusée à 3205 mètres, un peu au Nord et au niveau du col de Cerbillonas, à la lisière du grand plateau de névé.

Dans les premières années de sa cohabitation avec le Vignemale, la chaîne du comte Russell n'est pas encore si bien rivée qu'il ne puisse donner quelques coups de canif et revenir quelquefois à ses anciennes amours.

Au début de 1881, nous le trouvons sur un des grands fleurons de la crête des Monts-Maudits : le pic du Milieu, ascension très facile (en laissant la vraie pierre terminale de 3354) mais qui tourne au drame, car Russell, Firmin Barrau et Célestin, le 12 juillet, y sont surpris par l'orage et à peu près foudroyés.

Deux jours après, il dépose sa carte — *un p. p. c.*, dit-il mélancoliquement — sur le Perdighère, après une absence de dix-huit ans. Mais cette fois il est venu par l'Espagne, par le val de Ramougne, un des plus savoureux des Pyrénées. C'est là une de ces régions où Russell est absolument chez lui.

Il reprend ses anciens « vagabondages » vers la région, les lacs, la brèche d'Albe.

Quelques jours plus tard, Gavarnie. L'*hôtel des Voyageurs* nouveau modèle, agrandi, embelli : « Gavarnie va devenir une Capoue » (tant pis !). Avec Packe et madame Packe, visite aux aiguilles de glace du Gabiétou. Longues heures de contemplation solitaire sur le Piméné, « bien préférable à la brèche de Roland ».

Enfin le 5 août, avec Haurine et Pujo, montée au Vignemale, coucher au col de Cerbillonas. Et le fameux journal de bord du Vignemale commence. « Du col de Cerbillonas qui forme terrasse entre la France et l'Espagne, le Vignemale donne l'idée d'une hauteur prodigieuse et

monte avec autant d'orgueil que d'élégance dans les régions
vides et perdues de l'air où l'azur devient noir.... Mes guides
s'endorment. Je fais des promenades solitaires sur le ciel
éclairé par la lune. Voici minuit.... J'ai à l'Ouest un abîme
colossal et une mer infinie de montagnes qui sommeillent à
mes pieds.... Je vois tomber sur le glacier des pluies d'étoiles
filantes.... Sûr de ne tuer personne je détache des rochers
qui bondissent en Espagne : il en sort des torrents d'étincelles, des éclairs, et une sorte de tonnerre qui réveille les
montagnes endormies. J'ai besoin de ce bruit : le silence
prodigieux qui m'entoure me fait mal et me trouble.... Nuit
que je serais tenté d'appeler *divine*.... Le froid me force
enfin à me coucher : j'entre dans mon sac et le sommeil
descend sur moi.... »

Le 6 septembre, nouvelle inspection de la grotte, dont le
creusement n'avance guère ; le glacier a baissé de *six mètres*,
la porte de la grotte est devenue une fenêtre de premier
étage !... Nouvelle nuit au col de Cerbillonas, nuit d'extrême
danger : nuit de tempête à être emporté, terrible..., le vent
a des spasmes, mugit, traverse le col de Cerbillonas comme
un obus, les pierres volent, le Vignemale semble remuer....

Matinée sibérienne : la paix revient sur le monde, il est
tombé un demi-mètre de neige pendant la nuit, on croit
avoir changé de continent ; tout resplendit. « C'est sur un
horizon plus blanc que l'écume de la mer que le soleil se
lève, et ses rayons naissants colorent en rose les petites
trombes de neige poudreuses qui tourbillonnent encore
follement sur le glacier... Quelle lumière ! La vue porte à
deux cents kilomètres.... Pour ceux qui n'ont pas vu les
hautes montagnes couvertes de neige sous un ciel bleu et
par une matinée glaciale, la blancheur est un mot vide de
sens.... » Mais on est au 7 septembre, la saison avance et le
temps est peu sûr, la brume vient : tout ce qui est au Vignemale
descend, visiteurs, entrepreneur et ouvriers, quatorze per-

sonnes « marchant sans bruit dans un brouillard livide et immobile ». A chaque instant une crevasse formidable, que le brouillard rend plus noire et monstrueuse ; on s'arrête, on hésite, sans mot dire on franchit des ponts fragiles de neige transparente, on voit « les hideuses profondeurs du glacier. »

La « triste et inutile » campagne de 1881 est finie.

Russell a une consolation, et telle, qu'il en rugit de joie. Le culte des grands pics a fait des prosélytes de marque : *Le Balaïtous a été monté par des femmes !* Mme Gross, avec son mari, de la section S. O. du C. A F., en 1880 (le 14 juillet avec Saint-Saud allant à l'Algas). Et en 1881, avec leur père, les trois filles du comte de Bouillé. Hurrah !

Cependant Russell est partout : à Ussat et dans le pays basque. Il commence pour l'*Annuaire* l'histoire de ses campagnes au Vignemale — qu'il écrira plusieurs fois, et non sur le même mode — au début c'est en majeur, tout à la confiance, à l'enthousiasme. Et dans le public on est tout à l'étonnement, à la curiosité.

Une période très nettement déterminée de l'histoire pyrénéenne s'est ouverte : la période vignemalienne.

En juillet 1882, Russell revient dans cette région de Caillaouas et Gourgs Blancs, qui est sienne. Il prend le grand pic de Clarabide — un pic de trois mille — voisin du pic des Hermittans (et voisin du pic du port d'Oo ascensionné silencieusement par Brulle et Bazillac l'année précédente). Rien à dire des incidents de l'ascension (par Oo et le col des Gourgs-Blancs) : pas de corde, crevasses, obligé de rétrograder ; évanouissement subit, en plein glacier, de Célestin pris de froid ; nuit fantastique, etc.

Mais au retour au lac d'Oo une tempête, et ce tableau : « *Après une soirée fauve, électrique et violette, le vent d'Espagne arriva comme la foudre. Aussi ardent que s'il avait passé sur un cratère, il alluma toute la nature, qui*

*se mit à gémir. Avec quelle rage il souffle, même après
un parcours de deux mille kilomètres, ce vent fougueux
et courroucé du Sahara ! Comme il dévore la neige en la
brûlant ! Et comme il gronde ! Prise dans ses tourbillons,
la grande cascade ne tombait plus verticalement : elle
oscillait ; ses mugissements étaient entrecoupés : celui du
vent dominait tout. Le lac montait d'un centimètre par
heure »*. Dans ce tableau, même forme, même brièveté
saisissante que dans le morceau de Ramond « l'inquiétude
de la nature » au même lac d'Oo. (Ce morceau, Russell
alors ne l'a point vu : il ne connaîtra le livre des *Observations* de Ramond qu'en 1898.)

Puis, le 31 juillet, à Gavarnie. Grande nouvelle : la grotte
est achevée. Les ouvriers, ingénieux, ont pu établir au
sommet une forge, réparer leurs fleurets émoussés, et
mener le travail grand train.... C'est fait !

Alors, avec un jeune Anglais, Swan, membre de l'Alpine
Club, avec Henri, Pujo, Haurine, préparatifs de campagne
polaire, « beaucoup de vivres », ascension ; voici une tache
rouge à la base de la Pique-Longue, c'est la porte de la
caverne (3205 mètres) peinte au minium ; on approche,
le cœur bat ; on ouvre, cris de joie : « comme on est bien !
comme c'est chaud ! comme c'est sec ! » etc.

Dans un mouvement de légitime orgueil, la grotte est
baptisée : *la Villa Russell.*

XI.

LA VILLA RUSSELL.

Tout nouveau, tout beau.

Avec sa « villa », Russell galvanise, prolonge la vie du
pyrénéisme : c'est une injection de caféine. Aux Pyrénées,

dans le monde pyrénéiste, même dans l'alpinisme, il n'est plus question que de la villa Russell. Le célèbre montagnard apparaît de plus en plus fort. Il rédige sur ses campagnes du Vignemale des bulletins de feu.

Mélange de sauvagerie et de confortable, la vie sur une montagne de premier ordre : hivernage au Spitzberg avec jours de réception ; journal de Robinson Crusoé allant faire ses provisions au navire (à Gavarnie). Et aussi exposition de tableaux — d'*impressions* peintes, variées à l'infini sur un seul sujet : le Vignemale. A toutes les heures, sous tous les éclairages, de toutes les couleurs : des Vignemales glacés, livides ; des Vignemales radieux, brûlants ; des Vignemales blancs, bleus, polaires, lunaires ; des Vignemales roses, jaunes, rouges... ; un Vignemale-joujou, et la joie enfantine d'avoir de si bon punch, de si bon thé si bouillant, de fumer de si bons cigares sur le grand plateau de névé ; un Vigne-male-ogre prêt à dévorer sous la neige l'audacieux venu se confier à lui ; un Vignemale-idylle où un petit pinson vient fournir le motif d'une page exquise ; et un Vignemale-Sinaï, farouche, plein d'orages, de terreurs, d'éclairs, d'écrou-lements « dont les échos vont frapper la voûte du ciel comme des blasphèmes de la nature.... »

Pour débuter, en 1882, 1er août, *trois jours dans les neiges éternelles, sans la moindre privation* (tout Russell est dans cet énoncé). Il gèle terriblement, la grotte est chaude. Cette vie sauvage et poétique commence à enivrer. Quelle paix, quelle santé merveilleuse ! Voici l'apogée de l'enthou-siasme. « Quel peintre pourra jamais traduire par la couleur les lueurs mourantes, la tristesse infinie, et la gloire dont se couvre la nature à la fin d'un beau jour, sur ces sommets vertigineux où l'homme se trouve si haut et voit si loin qu'il semble dominer un hémisphère... ? » L'Espagne était claire, invariablement ; la France couverte de nuages, mer à perte de vue *d'où surgissaient des centaines de sommets isolés semblables à une longue flotte de cuirassés à l'ancre.*

Promenades nocturnes sur la neige, « seul avec la lune », bruits mystérieux du glacier en travail ; ascension des pics qui forment la couronne du Vignemale: pic Central, Clot de la Hount, Cerbillonas, etc., l'affaire d'un quart d'heure ; déjeuners au col de Cerbillonas : « nous en fîmes notre restaurant » 3207 mètres, « nous prîmes ce col en affection, nous l'aimions passionnément » (les guides l'appellent désormais *la salle à manger du comte Russell).*

Mais plus de vivres, il faut descendre : cette fois par le Sud, c'est-à-dire par le rare itinéraire de lady Lister, du prince de la Moskowa, de Brulle et Saint-Saud. Descente délicate : la grande tache triangulaire de neige était glacée, lisse comme du cristal et « assez mauvaise.... »

La campagne (poursuivie sur la crête des Monts-Maudits par la conquête de la Dent d'Albe), s'achève en novembre par une visite du troglodyte du Vignemale à l'ermite du Pic du Midi. Russell visitant Nansouty : un sujet d'estampe ! Dans cet observatoire « admirable », qui vient de passer propriété de l'État, Russell pourrait être jaloux, mais il est bon et se contente d'être émerveillé. En comparaison de ce qui se passe à la villa du Vignemale, ici quel bâtiment ! et quelle cuisine ! un « régiment de plats fumants », huit au moins, le tout arrosé de Marsala : « il ne manquait qu'un plat de *potentilla nivalis!* » ; café, liqueurs, cigares. Et quel gîte ! quelle chambre ! quel confort ! meubles neufs, des livres, des vins fins, une température de pays chaud ! Et l'on peut s'inviter soi-même par le télégraphe ! Et la nuit, en novembre de cette année 1882 « qui fut une des plus belles du siècle », sur la « terrasse du Club Alpin » quelle vue, au clair de lune ! *Somme toute, c'est peut-être la vue la plus belle et la plus étendue de l'Europe* (celle du Vignemale, sans premier plan, a toujours été discutée). Quel lever de soleil ! *à donner aux saints la nostalgie de la Terre !* (Tout ce morceau, admirable. C'est un des plus beaux qui aient été écrits sur le Pic du Midi.)

Russell remarque qu'à l'Est du pic il reste un terrain vide, où l'on pourrait construire cinq ou six villas: avis aux amateurs. *En Suisse, il y aurait là un bon hôtel* (l'horreur !).

Le mois suivant, au Pic du Midi une catastrophe digne du Mont-Blanc. Des astronomes observent à Sencours le passage de Vénus. Les porteurs qui montent les ravitailler s'égarent dans la brume, creusent au bas d'une pente de neige une tranchée qui détermine une avalanche ; trois sont ensevelis : leurs corps sont retrouvés le lendemain.

En 1883 Russell a fait sa troisième du Taillon et signé avec Theil le traité pour la construction de l'abri du Club Alpin à la brèche de Roland. Désir du Vignemale. Il est bien tôt, 24 juillet, les grottes seront probablement masquées par le glacier. Mais les matinées de Gavarnie sont si pures et si brillantes ! le ciel, la glace, les sapins, les précipices, les torrents, tout étincelle, tout a l'air enivré de jeunesse, de lumière et de joie ; on est électrisé soi-même, on voudrait bondir. Impossible de résister. En avant pour le Vignemale avec Swan et sa sœur (dix-sept ans), Henri Passet, Haurine, Bernard et Junté. Dès le fond de la vallée d'Ossoue, Russell, à la vue de son Vignemale, a le feu dans les veines. *Quelle magnifique et séduisante montagne !...* On arrive, victoire, la grotte est libre ! On pousse à la Pique-Longue.... Le soir vient : les pics s'éteignent, une immense tristesse s'empare de la nature, la neige prend une pâleur marmoréenne. Un quart d'heure après tout le monde est blotti dans la caverne...

Puis les hôtes descendent, Russell reste seul à la grotte avec Haurine et Bernard. Alors commencent les longues et délicieuses promenades sur le désert de neige immaculée, les vues superbes et infinies sur l'Aragon et la Navarre ensoleillées, la majesté des aurores. Enivré par la lumière, Russell « finit par comprendre le bonheur des Lapons ». De temps en temps, on s'offre « l'ascension du Vignemale » : d'ici vingt minutes aller et retour. Au sommet, on s'amuse à bâtir des tourelles de deux mètres, parce que le Vignemale s'étant arrêté à la cote déplorable de 3298, avec deux mètres on lui parfait le beau chiffre rond de 3300. Pour varier on « fait » le pic de Cerbillonas, le Montferrant. Aussi la « Pointe Centrale de 3205 mètres ». Et qu'est-ce que cette « pointe centrale » où maintenant l'on va en flânant, horizontalement, pour regarder sous ses pieds le précipice de Gaube ? C'est la fameuse « seconde pène » de Chausenque ! Mais si vraiment Chausenque est venu là, il avait le sommet du Vignemale dans la main ! par une promenade. Pourquoi jugea-t-il impossible de descendre sur le névé ? *nul être humain ne saurait aller plus loin*. Malgré la netteté de son affirmation, n'aurait-il point atteint vraiment la cote 3205, la véritable seconde pène ? Ou le plateau de névé était-il exceptionnellement d'aspect rébarbatif ? (Cela peut arriver, par exemple en 1890.) Ou n'est-ce pas que la Pique-Longue, les quatre-vingt-treize mètres restants, lui semblèrent, par une aberration du jugé, inutiles à risquer, infaisables : *Cet escarpement ne laisse aucun espoir*, disait-il encore cinq ans plus tard ? Problème pyrénéiste insoluble.

Puis de Gavarnie, les pics de Tapou (contrefort Sud du Vignemale. En 1881, Russell avait vu deux de ses mineurs passer du Tapou au Montferrant par la crête : tour de force).

En septembre — après avoir conquis dans les Monts-Maudits, au Sud du lac Gregonio, le grand Estatats (pic sans avenir) — et toujours en proie à l'incurable folie des neiges et du Vignemale, quatre nuits consécutives à la villa Russell : toutes les fureurs de l'équinoxe, vent féroce, tourmente, nuages écarlates, clameurs sinistres, trombes de neige, ténèbres polaires et froid terrible.. : les précipices eux-mêmes ont des spasmes et résonnent comme des bourdons de cathédrales ; à l'Ouest du col de Cerbillonas *le vent s'écrase contre les abîmes avec la force et la fureur des vagues de l'Atlantique.* Ces « horreurs » durent deux jours. « Il m'en coûte de m'en aller. Jamais campagne pyrénéenne ne m'a laissé de plus ineffaçables souvenirs. »

XII

REPRISE DU VERSANT FRANÇAIS.

Le triomphe du Vignemale marque l'apogée de la reprise des Pyrénées françaises et de la chaîne frontière. Après l'orgie d'Aragon et de montagne brûlée, vive la douce France !

D'ailleurs le grand public lui est toujours resté fidèle. C'est pourquoi Taine se réimprime, mais en supprimant les illustrations de Doré, trop invraisemblables. Le *Joanne* est un renouvellement du versant français. Mais un *guide* ne suffit pas, il faut des « traités » arrangés. Locaux, comme *De Paris aux Montagnes,* par Léonce Dupont, 1879 (c'est une saison de Capvern, sans intérêt), ou généraux, comme :

Paul Perret. Les Pyrénées françaises, illustrations de E. Sadoux. Oudin, 1881-84, 3 vol. grand in-8 (environ 1300 pages!).

Ceci est le centenaire du livre de Picqué. Quel progrès! Reprise à grand orchestre, pour la jeunesse, des Pyrénées moyennes et de vallées ; l'auteur est peu familier avec les grands sommets et ceux qui les fréquentent : sa Munia, par exemple, est embarrassée, d'où l'on voit la vallée de Bielsa à droite et le Mont-Perdu à gauche ; il croit, lui aussi, que Jubinal a vu se noyer les époux Patisson, et il pense que le vainqueur du Cylindre est un « lord

d'Angleterre », *lord Russel* (la chose la plus prodigieuse-
ment désagréable qu'on puisse faire au comte Russell :
l'écrire *Russel*; comme il dit, lui couper une *l*). Mais livre
qui deviendra curieux quand il passera à l'état de
rétrospectif, par sa description du Biarritz de la fin du
XIXe siècle, de Lourdes (le triomphant pèlerinage ne peut
plus tenir en une page de citation comme le Bétharram
de Chausenque; Lourdes veut une bibliographie spéciale,
de tous les écrits qui le concernent, croyants ou sceptiques),
des villes d'eaux; il y a une entrée en Andorre par le port
de Saldeu qui est parfaite. Les illustrations sont d'un joli
dessin, surtout dans la note archéologique.

Voilà pour la prose. Mais les poètes ou les rimeurs,
eux aussi, n'ont jamais lâché les Pyrénées françaises.
Poésies platoniques, d'exclamations, d'apostrophes. Avec
ce qui en a été fait depuis Du Bartas et ses *Neuf Muses
Pyrénées dédiées au roi de Navarre :*

> .... Miracles qui touchez
> Les astres de vos fronts, l'enfer de vos racines,
> Espouvantaux du ciel....,

ou bien :

> Auriège au vite cours, clair ornement de Foix
> Qui rends par ton tribut Garonne navigable,
> Fille de si grand mont qui cache, épouvantable,
> Son front dedans le ciel....
> Ce roc cambré par art, par nature, ou par l'âge
> Ce roc de Tarascon hébergea quelquefois
> Les géants qui volloient les montagnes de Foix....,

on remplirait des volumes, en passant par Arnaud Abadie :

> Ces rocs majestueux, leurs cimes sourcilleuses....,

ou Lalanne en 1819 :

> Sur les pas du Savoir et de la Conjecture,
> Qu'il est beau, s'égalant à Ramond ou Saussure,
> De gravir par degrés, curieux scrutateur,
> Ces vieux monts que posa la main du Créateur...,

ou Châteaubriand, en 1829, allant prendre les eaux aux Pyrénées, *ce moment fut le seul de ma vie où j'aie été complètement heureux;* oui, Châteaubriand heureux, et même, dit-il, faisant tous ses efforts pour être triste sans pouvoir y réussir », et où ? à Cauterets ! et composant aux Pyrénées une ode d'où les Pyrénées sont absentes pour laisser la place au seul Châteaubriand :

> J'avais vu fuir les mers de Solyme et d'Athènes...
> Mes yeux cherchaient de loin ces colonnes d'Alcide...
> Ma Muse revenait de son butin chargée...
> Dans les monts que Roland brisa par sa vaillance,
> Je contais à sa lance
> L'orgueil de mes dangers, tentés pour des plaisirs...,

ou de Beauchesne en 1834 :

> Rien de plus beau que les montagnes....

ou E. d'Anglemont, *Pèlerinages,* même année :

> Architectes romains, créateurs poétiques
> Des ponts, des aqueducs, des arènes antiques,
> Prosternez votre front de palmes décoré :
> Il est un monument qui ne vient pas de l'homme,
> Et qui laisse bien loin les ouvrages de Rome,
> C'est le cirque de Marboré !

(dix ans après développez ceci fastueusement et à outrance, et vous aurez le Gavarnie de Victor Hugo),

ou Antoine de Latour en 1841, sonnets : *le Chaos, le Cirque de Gavarnie* et *le Batelier du lac de Séculéjo;* ou L.-G. des Hogues, en 1842, dans un poème en deux chants : *les Pyrénées,* où il n'est nullement question des Pyrénées :

> Je revenais du haut des grandes Pyrénées,
> A l'heure que le long des sentes détournées
> Se glissaient les amants....

ou Charles Lefeuve, même époque :

> Ce qu'il a passé d'années
> Sur vos rocs audacieux
> Vous est léger, Pyrénées.....,

ou de même, après *le 15 Août à Héas*, un *Château* de Lourdes :

> Le Gave au premier plan roule ses eaux venues.
> Des montagnes luttant dans l'air avec les nues.
> Puis un rocher grandit rapidement,
> Que domine une tour carrée et crénelée.....
> Des monts pyrénéens, soit qu'on entre ou qu'on sorte
> Ce donjon est la porte.
> Là commence en effet l'important défilé
> Dont autrefois la clé
> Était entre les mains, après Dieu, du vicomte
> A qui tout ce qui monte
> Du roc du Lavedan jusques au Tourmalet
> En fief appartenait...,

ou Henri de Lacretelle en 1857 :

> O flots pyrénéens, gaves aux sourds murmures,
> Gigantesques serpents...
> Assises de granit...
> Cascades qui tombez...,

ou Barandeguy-Dupont en 1867 :

> O mes charmantes Pyrénées
> Est-ce donc vous que je revois ?...,

ou, en patois, l'éternelle chanson :

> Aquélos mountagnos qué tan altos sount
> M'empachoun di beïré mas amous oun sount....,

c'est-à-dire mot à mot :

> Ces montagnes-ci qui tant hautes sont
> M'empêchent de voir mes amours où sont,

ou les vers très bien pastichés d'après Hugo, et souvent
cités comme authentiques :

> O pics, clochers du monde où sonne la tempête,
> Cadrans où l'avalanche à toute heure mugit,
> Vieux torrents qui sifflez dans vos tuyaux de pierre,
> Vieux sapins....
> Vieux lichens....
> Vieux lézards....
> Vieux glaciers...,

ou Ernest Prarond : *les Pyrénées, paysages et impressions,
Paris, Lemerre, 1877*. Ceci n'est pas de l'interjection :
c'est une *Légende des Siècles*, bien que l'auteur se défende
de vouloir passer sur les traces d'Hugo. Ainsi, dans
l'Ariège : *Antithèse de grottes :*

> Le guide, suif en main, nous fait courber la tête
> Dans le couloir de l'antre où l'homme aux dents de bête
> Se sentait poindre au front d'incertaines lueurs.
> Là se roulaient, grondaient et rongeaient les tueurs,
> Et, sous la torche encor, parfois, le pic retire
> Du lit plat qu'a durci l'homme, tigre ou satyre,
> Avec les instruments que des meurtres ont teints
> Les restes inconnus des animaux éteints...,

et plus loin, *les Montagnes :*

> J'interroge en marchant les monts sur le problème
> Offert par leur silence au songeur qui les aime
> Et qui voudrait tirer de leurs flancs caverneux
> Le secret éternel qui s'enveloppe en eux...,

et plus loin, *la Luxure des eaux :*

> Vers le dix de juillet quand les prés sont tondus
> Les flots des nestes sont de nouveau répandus...,

et plus loin, *la Vallée haute :*

> Le souvenir du roi plus riche que Memphis
> Et que Tyr....
> Vient naturellement dans ce jardin fleuri
> Qu'arrose de flots purs le pur Esquierry...

et encore :

> Les bois pyrénéens n'ont pas l'horreur divine....

et encore, *le Sureau* :

> Entre les monts boisés et parmi les cascades
> Lorsque j'ai pour aspects les cônes embrumés
> Les Tusses et les Tucs, Entécades, Picades,
> Un arbuste me rend des souvenirs aimés.

Et beaucoup de pièces sur le dieu Lixon et ses eaux.

Le dieu Lixon ! il a inspiré aussi José-Maria de Hérédia datant de Luchon, 188..., cinq sonnets « épigraphiques », c'est-à-dire motivés non par les montagnes, mais par les inscriptions antiques des stèles votives, et visant moins au descriptif qu'aux effets de larges « sonorités », et de ciselure dans la « belle matière » des syllabes plastiques. Dans ces vers le poète veut « dresser l'autel aux nymphes souterraines ». *Le Vœu*, d'abord, *Ilixoni Deo :*

> Jadis l'Ibère noir et le Gall au poil fauve
> Et le Garumne brun peint d'ocre et de carmin,
> Sur le marbre votif entaillé par leur main
> Ont dit l'eau bienfaisante et la vertu qui sauve.
>
> Puis les Imperators sous le Vénasque chauve
> Bâtirent la piscine et le therme romain....,

Le dieu Hêtre, ensuite : *Le Garumne a bâti son antique maison sous un grand hêtre au tronc musculeux comme un torse....* — Dans l'*Exilée* apparaît : *le Gar éclatant aux sept pointes calcaires* (mais pourquoi sept ? Le pic de Gar sera ou moins ou beaucoup plus). — Dans la pièce *Aux montagnes divines* nous touchons aux sommets :

> Glaciers bleus, pics de marbre et d'ardoise, granits,
> Moraines dont le vent, du Néthou jusqu'à Bègle,
> Arrache, brûle et tord le froment et le seigle....

(Du Néthou jusqu'à Bègle. Faut-il comprendre à travers toute la plaine de la Garonne, Bègle étant comme un faubourg de Bordeaux ?)

Enfin *la Source,* morceau de tout point exquis : *L'inutile miroir que ne ride aucun pli,* etc.

Et ici l'on se prend à regretter, comme toujours, que l'auteur des *Trophées* n'ait pas ascensionné, lui non plus, pour mettre en sonnets lapidaires les pics de trois mille : en un mot, pour peindre en vers que tout le monde ne fait pas les régions où tout le monde ne va pas....

Après les pensifs, voici les descriptifs, joyeux, suite de Bertin, Dureau de la Malle, Samazeuil, de l'abbé Firminhac (*les Pyrénées*, lettres prose et vers, Bordeaux, 1854).

> Sous mes pieds au midi le long de trois allées....
> Dans son large bassin Luchon s'épanouit.
> Sur-Bagnères (*sic*) à droite étend sa lourde masse.
> Au Midi....
> Se dresse un mont neigeux à la cime bleuâtre,
> C'est Baliran....

(Jamais le Baliran n'avait été à pareil moment).

Puis Liégeard, lançant ses éclatants *brindisis* à Luchon.

Maintenant :

Un Rimeur aux thermes des Pyrénées, par François Narcy. Pau et Cauterets, Cazaux (Imp. de Jouaust), in.-12, de 148 pages.

Petit volume bien présenté. La plaisante idée de faire un Joanne en vers ! le rimeur est d'ailleurs d'une exactitude extrême dans ses descriptions, il arrive à exprimer très net et gentiment que de Luchon on monte au lac d'Oo par la chapelle de Saint-Aventin où il y a une marque de pied dans le roc, que les enfants mendient, qu'on arrive aux cabanes d'Astau et qu'il y a un fermier au lac. Ainsi de suite une quantité de menus détails, amusants à retrouver

versifiés, pour les initiés, sur la rue d'Enfer, le Bergons, le
pic du Midi, les Coustous, le Gourzy, les lacs d'Ayous, etc.
Bref, la tournée des Pyrénées. Mais son propos spécial est
l'eau minérale et ses effets : de là des descriptions en pince-
sans-rire des établissements thermaux (rappelant les fameux
Sonnets du Docteur), et des indications thérapeuto-poétiques
sur l'emploi des sources, ainsi formulées :

> Névralgiques accès dont l'aiguillon perfore
> Tout cède et se dissipe aux sources de Bigorre....
> . . . .
> Plus de toux, de catarrhe, avec l'eau de Baudot.
> La chlorose guérit par l'usage du Clôt...
> . . . .
> Victimes du mercure au funeste renom,
> Vous qu'un derme squameux sans trêve persécute
> A la source du Pauze allez....
> . . . .
> Vous que la gastralgie en tout temps tyrannise
> Sachez que Mauhourat est l'eau qu'on préconise.
> Les douches et les bains du petit Saint-Sauveur
> De l'infâme névrose endorment la fureur,
> A la source du Pré le rhumatisme cède
> De l'emphysème enfin César est le remède.
> Des bains de la Raillère on connaît les vertus :
> Ulcères du larynx sans succès combattus.
> Tubercule au début, catarrhe, hémoptysie....

(Du Bartas avait dit, tout pareillement :

> *Où la femme brehaigne, ou la paralytique*
> *L'ulcéré, le goutteux, le sourd, le sciatique,*
> *Trouve sans débourser sa prompte guérison.*

Sans débourser ! Ah ! c'était le bon temps !).

L'article de Barèges est terrible :

> Scrofuleux endurcis, à la mine amaigrie
> Dont les os sont gonflés rongés par la carie,
> Et vous que paralyse un cal défectueux,
> Malades qui souffrez d'ulcères variqueux,

> Victimes des combats qu'une balle torture,
> Lymphatiques pâlis qu'un lupus défigure,
> Malheureux patients dont le derme épaissi
> De cuisantes rougeurs en tout temps est farci,
> Arthritiques enfin. . . . .
> . . . . de vos douleurs Barège en quelques jours
> Peut dissiper l'angoisse. . . .

Brrou! Si nous allions à Luchon. Ah, la voici, *la Reine des Pyrénées!* Luchon! ses thermes à colonnes, son parc, la pièce d'eau, les cygnes, l'orchestre, la piscine des chevaux (supprimée depuis), et la route commode qui

> De riches magasins ordinaire séjour
> Aux chutes de la Pique aboutit sans détour. . . .
>
> . . . .
> Qui n'a vu d'Etigny la remarquable allée?
> De somptueux hôtels vrais palais enchantés
> Avec de grands bazars en ferment les côtés. . . .
>
> . . . .
> Malades que la dartre a marqué de son sceau,
> Ou qui du rhumatisme endurez le fléau,
> Accourez tous ici. . . .

XIII.

WALLON : LES MONTAGNES DE PÉTRAGÈME.

Des deux mille pages pyrénéistes de l'*Annuaire* du Club Alpin, il est entendu que nous avons fait quatre volumes.

Les deux premiers contenaient l'histoire de la découverte du versant espagnol. Nous les avons épuisés.

Puis coup de théâtre et changement à vue : la montagne espagnole disparaît subitement de l'*Annuaire* comme précipitée dans une trappe, laissant apercevoir un nouveau décor, le versant français et la grande chaîne.

Dans cette seconde moitié des articles de l'*Annuaire*, les Pyrénées françaises et la ligne de faîte régnent seules.

En 1883, venant d'achever sa carte à laquelle il travaille

depuis si ongtemps, Wallon, restant en France, enrichit les
Pyrénées d'un nouveau massif qui vient élargir, du côté de
l'Ouest, le terrain exploré : les belles et originales montagnes de Pétragème.

C'est-à-dire le cirque, très remarquable, des montagnes
de Lescun : Ansabère-Pétragème-Larraille.

Il y fait la première de la Table des Trois-Rois, vue
immense. De là, et du col de Larraille, il jette comme le
regard d'adieu sur son Espagne ; il voit une fois de plus,
et s'explique par le Nord, cette curieuse région d'extrême-
Aragon que de la Llena del Boso, de la Forca, etc., il s'est
expliquée par tous les autres points ; cette région au Sud du
pic d'Anie : las Foyas, Mina, Oza, Quimboa, Aciotello,
Alano, Achert, Bisouri, dont l'entrée dans le pyrénéisme a
été si tardive !

Et pendant que Wallon est sur la crête frontière, sous ses
pieds en Espagne passe Labrouche allant du pic d'Anie au
pic d'Ossau par le Sud, par ces fonds aragonais si étranges,
(qu'il décrira l'année suivante dans le *Bulletin Sud-Ouest ;*
nous y viendrons tout à l'heure).

(Entrée tardive ? disions-nous. Ce n'est pas la seule ; voici
la contre-partie en France ; la splendide région d'Artouste-
Arrémoulit. En 1883, elle n'est pas encore vulgarisée ! Mais
le comte de Bouillé, va s'y mettre. Nous le retrouverons.)

Rapide comme jadis Parrot, désireux de voir les Pyrénées
par la neige, Edouard Rochat, un habitué des Alpes les
parcourt, de Gavarnie en Andorre par Luchon et l'Ariège,
notant de brèves impressions justes *(Promenades dans les
Pyrénées en juin 1883).* Plus il visite la France, dit-il, plus
il trouve qu'elle mérite d'être mieux connue. L'année
suivante il revient visiter les défilés de l'Aude, la vallée du
Rébenty, les Pyrénées - Orientales *(quelques mots sur*

l'Aude). Tout ceci, comme reprise des Pyrénées françaises, est symptomatique. Mais la plus vive de ses impressions est à Mont-Louis, place de guerre, où il prend une photographie : les gendarmes l'arrêtent et lui mettent les menottes....

Saint-Saud lui-même repasse en France pour un moment avec une note sur *les Reboisements de Barèges*. Gourdon s'occupe des montagnes du Comminges et met en valeur le pic de Hourgade. L'*Annuaire* publie il est vrai, un récit d'ascension espagnole, le *Posets* (mais le Posets, après tout, est une montagne essentiellement luchonnaise. Cette « reprise » par le docteur Mony — un vétéran du pyrénéisme — est d'ailleurs parfaite) et une note — mais si brève — de V. de Gorloff sur la course « le long du cordon sanitaire », Panticosa-Brazato-Fanlo, Mont-Perdu, col de Niscle, Bielsa, Vénasque, Graus, Barbastro ; et cette note résonne comme le faible écho, égaré, du septuor de la Pléïade....

Et en 1884, Wallon reparaît dans l'*Annuaire*. Avec quoi ? Avec le Vignemale ! A la vérité, il aurait voulu retourner encore en son Espagne. Mais les Espagnols ont mis un cordon sanitaire (pour le choléra. N'importe, ces Espagnols ont bien de l'esprit !)

Vignemale ! Vignemale ! C'est au Vignemale que peut maintenant s'appliquer le mot de Ramond sur le Mont-Perdu : *il n'y a plus que lui !*

XIV.

LA MESSE AU VIGNEMALE.

Au début de la saison 1884, Napoléon Ney chasse l'isard au port de Gavarnie. Il se décide à l'ascension du Vignemale, pour lui une montagne de famille. Théorique-ment il pourrait prendre le même guide que le prince de la Moskowa : le vieux « Cantouz » qu'on lui dit **vivre** encore à Gèdre et avoir quatre-vingt-huit ans. En fait, pour cette ascension « longue et pénible, pleine d'audace et de péril », il prend Poc, de Gavarnie ; il monte par Ossoue. « Le comte Russell » dit-il « s'est fait construire tout au sommet » (façon de parler, pour : tout près du sommet) « une habitation souterraine où il se plait à demeurer : je n'ai pu en juger. » La grotte était bloquée sous la neige. Et Napoléon Ney publie dans *l'Illustration* (16 août 1884) un bref article : *Deux ascensions au Vignemale, 1838-1884.* Le point curieux est qu'il ne se rend pas compte de la différence d'itinéraire des deux ascensions et ne se doute pas que celle de 1838 fut faite par le Sud ! (Pourtant, il doit avoir sous les yeux mieux que le texte donné en 1838 dans la *Revue des Deux-Mondes;* il doit en posséder une réédition de luxe : *Ascension au Vignemale par le Prince de la Moskowa,* Paris, imprimerie de Bachelier, 1842, in-4⁰, avec quatre lithographies de Sorrieu d'après les dessins du prince de la Moskowa, qui font de cette rare plaquette un des documents les plus curieux de l'histoire pyrénéiste, surtout la « vue du sommet du Vignemale » : le grand plateau de névé, quelle révélation et quelle curiosité en 1842 ! « L'escalade des rochers sur le Malferrat » est déjà une indication certaine, mais bien plus encore la lithographie montrant « l'ascension du grand glacier », où la caravane des huit marche en lacets, un guide en tête tenant une hache : il est de toute évidence que ce « grand glacier » n'est pas le glacier d'Ossoue, puisque ce n'est qu'une tache de neige.... Détail curieux : les touristes sont en correcte tenue de ville, redingote, frac, chapeau haut, pantalons du bon faiseur.

Ensuite, c'est Brulle, qui monte seul au Vignemale et y passe un mauvais quart d'heure, même trois mauvaises heures; pris par la tempête, glacé, foudroyé, paralysé, en perdition, il pense que pour la nuit le salut est sous la main à la grotte Russell. Il y court.... Pas de grotte! C'est-à-dire : la grotte demi-pleine de glace !

Voici la grande saison. Le Vignemale, que Russell a positivement inventé, est au pinacle. Même il se « vulgarise ». Il devient un lieu de pèlerinage. Pas moins de cent personnes en 1884. On veut monter, voir du même coup le sublime pic et son glorieux ermite.

La villégiature Vignemale de 1884 (trois jours, puis neuf en haut) est célèbre : Russell, toujours à l'apogée de l'enthousiasme et prêchant avec fanatisme « la vie aux grandes hauteurs », voit défiler les visites. Un jour, avec Lourde-Rocheblave, Wallon — qui va donner à l'*Annuaire* une monographie du Vignemale (*Le Vignemale, ses deux versants français et la villa Russell*, avec un curieux panorama, devenu populaire et encadré partout, du glacier terminal et de sa couronne de pics) et commencer par le Vignemale un plan en relief qui finira par comprendre une partie considérable des grandes Pyrénées.... Puis, un autre visiteur: le mauvais temps. C'est ce que Russell appelle avoir des distractions. (Au début du siècle il eût dit voir la nature opérer dans ses mystérieux laboratoires.) Il grelotte dehors, mais maintenant dans sa grotte il a un poêle ! Puis une visite plus aimable : le propriétaire d'*Excelsior* aux Eaux-Bonnes, qui monte du madère et du porto, pendant que Brulle envoie du bordeaux. Puis M. Daniel, de Pau, le « roi des tricyclistes », qui apporte du thé surfin. Puis Belloc, et Regelsperger, et « le bon M. Brulle ». (Cette épithète de « bon, » appliquée au terrible Brulle, l'homme du Clot de la Hount, du tour du cirque par les gradins, du Comolo-Forno et des trente-six pics, est ici plaisante : épithète d'excuses. Entendez : Brulle, auquel au moment décisif ma grotte a manqué ! Après cela il lui doit bien de lui servir de parrain à l'*Alpine Club !)* Et sur le « Thibet pyrénéen »,

V 4

vin et eau à discrétion, soupe, thé, chocolat, café. Et le punch à onze heures tous les soirs. « En me rappelant le Vignemale d'autrefois il me semblait rêver. »

Cette année-là les couchers de soleil sont d'une couleur indescriptible, terrible, surnaturelle. « Je me souvins de Krakatoa, l'infortuné volcan brisé que l'on accusait d'avoir changé toutes les couleurs du ciel... c'était peut-être l'adieu qu'il envoyait au monde. »

Le 11 août, dans l'orage, une caravane complète arrive au Vignemale désormais populaire. Les P. P. Carrère et Cassagnère, de Héas ; l'abbé Pomès, de Saint-Pé ; quatre touristes dont un anglais, Cliffort; six guides, l'entrepreneur Theil, le fils de Chapelle et son neveu....

Le lendemain matin, jour célèbre, devant trente personnes trois messes furent dites sur le Vignemale, autel de trois mille mètres. « Jamais Paris ou Rome n'ont rien vu de pareil. » (Très beau récit dans l'*Annuaire*.)

Les trois messes dites, « alors que le soleil illuminait déjà un océan de pics », le Père Carrère, levant les mains au ciel, bénit solennellement « le cher abri transformé en chapelle ».

Russell a cinquante ans : Il « régularise » son union avec le Vignemale. (Il lui reste à se mettre en règle avec la loi civile : cela viendra.)

Et un nouveau sentiment commence à l'étreindre, qu'il exprimera désormais avec une éloquence exaltée : le regret poignant de la jeunesse. Oui, il veut remonter au Vignemale, y mener dans la solitude la vie sauvage et libre d'un aigle ou d'un condor ; s'asseoir au crépuscule, « comme un fiancé de la nature », sur les sommets où brille la froide clarté du Nord, y rêver dans l'azur au printemps de sa vie, et rajeunir son cœur en songeant avec autant d'amour que d'amertune aux heures bénies, aux belles années qui ne reviendront plus....!

XV

LA SECTION SUD-OUEST DU CLUB ALPIN. — TOURISTES.
LABROUCHE ET BARTOLI.

Parmi les visiteurs du Vignemale en ces temps-là, deux membres de la section Sud-Ouest du Club Alpin, Labrouche et Bartoli.

Vivante, brillante, très pyrénéiste, cette section Sud-Ouest, où sur deux cents membres on compte jusqu'à vingt pratiquants, et qui écrivent! D'abord c'est la section de Schrader, Wallon, Saint-Saud. Russell y est affilié. Elle a Brulle et Bazillac, elle aura de Monts. Elle a Lourde-Rocheblave, Bayssellance, Maumus, Lacotte-Minard, elle a Georges Arné, Bernard, Bartoli (qui est aussi de la section de Paris), Blaquière, de Champsavin, Degrange-Touzin, l'ingénieur Delure, Ernest Dupuy, Jules Forsans, Gross, Paul Labrouche, Tisseyre, etc. Non seulement elle règne sur Cauterets et Gavarnie, mais elle est comme le centre paradoxal des Pyrénées. A Bordeaux! Le centre naturel est Toulouse et c'est Toulouse qui eût dû prendre la position. Mais Toulouse a un tempérament à se satisfaire de paroles en négligeant superbement l'action : je suis le centre des Pyrénées, c'est un fait, n'est-ce pas? eh bien, alors, qu'est-il besoin de se remuer? Pendant ce temps le Sud-Ouest prend la tête.

Très intéressant, le *Bulletin* de cette section de Bordeaux. Publiés dans le grand *Annuaire* du Club Alpin, la plupart de ses articles, n'étant pas du pyrénéisme d'intérêt général, fatigueraient, détonneraient, pâliraient, comme hors de situation : les faits trop menus, trop spéciaux et « subjectifs ».

Mais ici, dans le *Bulletin*, le pyrénéisme de détail est chez lui ; il peut se délecter, s'en donner, comme les chasseurs de causer chasse. Ou comme les canards tyroliens de la chanson :

> *Les passants n'y comprennent rien*
> *Mais eux malins s'entendent bien....*

Parcouru d'ensemble le *Bulletin Sud-Ouest* est un bruit de conversations dans un salon où les fervents s'épanouissent, en racontant, discutant les faits divers du pyrénéisme. Des échappées vous viennent aux oreilles : Saint-Saud est allé de Bigorre à Gavarnie par le « col de Charmentas »... — la section projette un abri aux oulettes du Vignemale.... — on va faire des conférences : la première sera de Schrader, le Mont-Perdu, et c'est M. Schrader père qui aidera à manœuvrer l'appareil à projections.... — notre abri du Mont-Perdu se détériore... il est question d'organiser des caravanes scolaires (aïe !).... la prochaine conférence sera de Trutat... — le comte Russell a l'air de dire que la descente du Pic-Long est peu de chose : ah mais non !.... — étonnantes, les projections de Wallon ! lui-même, quel feu ! Panticosa, le pic d'Enfer, et le Balaïtous, ses murailles formidables...! une femme vient tout de même d'y monter... — magnifiques, Brulle et Bazillac, cette année : vingt grands pics en quatorze jours !... — et Labrouche ? Dix.... — Saint-Saud ? Au Vésuve, en Algérie, à Tunis, dans les Sierras... — le comte Russell est-il monté au Vignemale ?... — le comte Russell est descendu du Vignemale... — êtes-vous allé à la grotte du comte Russell ?... — je suis passé à la villa Russell...; — Saint-Saud ? Dans les Cantabres, dans les Sierras...; — Labrouche ? En Suisse.... — Brulle et Bazillac ? La douzaine de grands pics d'un seul trait.... — Bacot nous donne une *Ascension de la Rhune.* C'est si beau !... — et en voici une autre : résultat de la première caravane scolaire (vulgarisons : les Pyrénées aux enfants ; laissez venir à moi les petits collégiens), et dans le *Bulletin* l'article est signé : *un élève de rhétorique du lycée de Bordeaux* (cet âge est sans pitié).... — Arné a fait une mauvaise glissade au pic d'Ossau, avec son guide Jacques Labarthe.... — Lourde est allé de Pau à Cauterets en avril : splendide ! Mais oui : c'est alors qu'il faut voir nos Pyrénées.... — pas de Brulle et Bazillac cette année : où sont-ils ? Au Mont-Blanc, aux Ecrins, à la Meije.... — Lourde est venu du Mont-Blanc à Bordeaux par l'Auvergne.... — Degrange-Touzin a pu descendre de la Munia à Bielsa par le cirque de Barrosa.;.. — Champsavin a passé cinq jours autour du Mont-Perdu : décidément quelle surprise, cette crête de Diazès ! *on est anéanti*, dit-il. Revenu par le Cylindre. Son article, excellent, simple, chaud.... — Bayssellance nous parle de la montagne de la Gentiane et conte la course de la section au Gabizos, d'où Jœggi est allé droit au Vignemale ; là, quinze personnes au sommet en un jour : assurément voilà une montagne désormais sans danger. Eh ! Brulle vient de manquer s'y faire prendre ! Parbleu, il a risqué d'y aller sans guide ! Ce Brulle devient un casse-cou....

Et dominant cette rumeur (pour les initiés, une harmonie) et ces cent propos entrecroisés, la voix aiguë d'un jeune pyrénéiste pétulant : Paul Labrouche.

Le petit touriste, s'est-il baptisé (un mètre cinquante-six, soixante-dix-neuf livres) ; et il s'est peint : *enfiévré comme un diablotin*. Tenez, voyez-le frétiller dans Cauterets et mener vacarme à l'hôtel : c'est que demain il monte au Balaïtous, il « fait Balaïtous », avec Sarrettes : et rien ne saurait dire dans quels états est un touriste du Sud-Ouest qui va faire Balaïtous. Original fini, courant la montagne en maillot de bain pour laisser le soleil vivifier les diverses portions de sa menue personne. De l'entrain d'ailleurs, de l'esprit, et quelle conviction! Son récit (*Cauterets aux Eaux-Chaudes et à Pau par le Balaïtous*, 1882) ne sera peut-être point primordial — l'époque du primordial est passée! — mais il sera singulièrement vivant. Ce sont là des morceaux bien amusants à lire extemporanément. Labrouche fait long, mince et plein de feu : des eaux-fortes de Duplessi-Bertaux. En 1883 il raconte (*De Perpignan à Foix*) une « tentative » au Carlitte. *Tentative*, euphémisme usité en alpinisme, pour *insuccès*. Mauvais temps. Mais il se console, car il a fait le Canigou, avec Michel Nou (ça rime), et Michel Nou, c'est Michel Nou! la célébrité essentielle des Pyrénées orientales, ce vigoureux guide naturaliste, qui a un fils à l'école polytechnique! et se frotter à un guide célèbre, en alpinisme cela déjà compte.

Nous disons alpinisme : Labrouche pratique les Alpes ; précisément il en arrive, les ayant traversées pour la neuvième fois, et toujours dans un état psychique agité ; c'est que pyrénéiste il est, donc aimant d'amour les seules Pyrénées, et des Alpes même les invoquant, les appelant, leur adressant le couplet le plus vibrant, extravagant, charmant que jamais elles aient reçu. Les Alpes le laissent froid. Les Alpes, la grande usine du brouillard ; — les Alpes : des Pyrénées qui sentent l'humidité et la moisissure. Trop de Suisse. Au Righi il a regretté la Rhune, au Giessbach pleuré Gavarnie, au glacier du Rhône le Vignemale, dans l'Engadine Luz, à Saint-Moritz les bains de Panticosa, même au Mont-Blanc le massif du Marboré. Le lac Léman avait la teinte du ruisseau de la rue du Bac (il pleuvait : ah! tout s'explique !). *Les lacs suisses ne valent pas nos laquets perdus sur les crêtes* (indéniable, le charme puissant des petits lacs pyrénéens : ils font battre le cœur, on les aime de tendresse). Que si la Suisse s'avise de protester, le petit touriste la cloue d'un mot superbe de gascon : *Pour qui veut faire grand nous avons mieux : l'Océan à un bout, et la Méditerranée à l'autre!* (Sans compter que c'est vrai !).

En 1884 Labrouche décrit dans une savoureuse relation *(Béarn et Aragon)* sa course instructive de l'année précédente. En somme, aller du pic d'Anie au pic d'Ossau, mais par le Sud, donc, par cette région rare, étrange, aperçue par Russell du sommet du Bisouri, révélée et relevée par Wallon : région « si embrouillée », mais qui va cesser de l'être puisque cette même année Wallon publie sa remarquable carte. Bref, par le fond perdu de cet immense pli dont les bords sont, au Nord la chaîne frontière, au Sud le grand chaînon calcaire parallèle. — Du pic d'Anie, dévaler, très raide, dans l'entonnoir navarrais de *l'Insola*, de l'Insole (extrême Roncal), et y gîter en une cabane. — Trouver une issue à l'Est pour franchir la *sierra de Mazelarra* et entrer en Aragon (extrême Anso) : crêtes dénudées, blanches, ensoleillées, interminables faîtes réguliers; grand silence, poétique tristesse, coloris chaud. Mystérieuse région, merveilleuse clarté. — Passer entre le pain de sucre *de las Tajeras* et les montagnes de Pétragème, bastion coupé de meurtrières gigantesques (au même moment Wallon est sur le pic des Trois-Rois, corrigeant ses levés); pousser à la crête de *Pountet Barrat* pour prendre vue sur le fond français d'Ansabe. Harmonie de ce coin étrange des Pyrénées. Au Sud s'aligne la crête du *Quimboa*, entaillée par le *Paso del Gato;* tout au fond, faisant tache dans la solitude, le *cuartel* de Zoriza, d'où les douaniers espagnols aux yeux de lynx, moins soignés, plus nus — et plus grimpeurs — que leurs collègues français, découvrent le touriste et se mettent à crier. — Passer dans une région où tout est rouge, ferrugineux, descendre, par le vallon de *Cerito*, à la *Casa de Mina*, gîte vaste et essentiellement pittoresque; merveilleux coucher de soleil. Labrouche est si enthousiaste,

qu'au dîner il va jusqu'à crier : *vive la cuisine espagnole !
vive l'huile !* — Remonter la longue vallée d'*Aguas-Tuertas*
(déjà recommandée aux géologues par Russell, pour
« ses terrains rouges comme du sang et ses pâturages du
vert le plus exquis alternant avec des terres tout à fait
écarlates ») : à gauche est le pic Rouge, frontière; à droite le
Castillo de Achert zébré de neige. Lac supérieur d'Aguas-
Tuertas, l'*Ibon viejo* des anciennes cartes ; l'Espélunguère,
frontière, à gauche, et la muraille de Bernére à droite.
Finalement (dix kilomètres de la Casa), aboutir au lac
d'Estaens. (Et voilà ce que soixante-treize ans auparavant,
a manqué Chausenque!) — Traverser l'extrême fond d'Aspe,
sortir de France au Somport, prendre le vallon espagnol
d'*Astu*, le remonter jusqu'au lac de ce nom, et à la frontière
rentrer en France au col d'Astu (vue superbe) dans le fond
du cirque de Bious, contre la Canaou-Rouge. — Et il n'y a
plus qu'à monter le pic d'Ossau (la vue est splendide) et à
ajouter un très vif chapitre à tous ceux qui existent déjà sur
l'illustre pic.

Nous connaissons Labrouche, faisons connaissance de
celui qui va devenir son ami intime et camarade de courses.

Georges Bartoli. Pour le dire tout de suite : un écrivain
de montagne exquis.

Né dans la Haute-Saône, mais d'origine corse : les deux
tempéraments Nord et Midi. Vingt-cinq ans en 1884.
Courant double carrière, la montagne et l'administration :
il sera conseiller de préfecture, sous-préfet, il est grimpeur.
C'est aux Pyrénées — il déclare s'en glorifier — qu'il fit ses
premières armes, prélude d'une existence d'escalades. En
1879, il avait vingt ans, il était aux Eaux-Bonnes et
s'essayait à écrire (fort bien : *la Fête de Laruns*); Orteig
le mena au lac d'Artouste. (Oh! la première course, la
première communion avec la montagne, journée que rien

par la suite, ne parvient à égaler !) Et à son saisissement
au col de Lordé devant l'apparition des pics du haut Ossau
dans le soleil levant (article publié seulement en 1887 dans
la *Revue des Basses-Pyrénées)*, à son émotion devant les
lacs pyrénéens — « minuscules et délicieux, les uns clairs
comme le myosotis, les autres profonds comme le saphir ;
ces petits lacs sont le sourire de la montagne; innombrables
ils constellent les Pyrénées, comme si quelque Astarté
sortant de l'onde bleue avait secoué sur elles les gemmes
liquides de sa chevelure » — il se révèle montagnard qui
sent et pyrénéiste séduit. Et à la décision avec laquelle il
campe le portrait d'Orteig — le grand diable osseux qui
vient de parachever sa renommée de marcheur fabuleux en
allant visiter l'Exposition Universelle de 1878, à pied, de
Pau, par étapes énormes, et qui à toutes les qualités
d'un montagnard prodigieux joint encore l'art délicat de
conduire le touriste ; bref, le guide de premier ordre, mais
qu'il faut prendre à jeun, car s'il est allé danser à quelque fête
d'Aas, allumer son gosier à la chaleur du bal, et l'éteindre
en l'arrosant comme il convient, l'illustre grimpeur du
Balaïtous par l'Est est capable de ne pas pouvoir se maintenir
droit dans les rues des Eaux-Bonnes et de n'offrir à son
voyageur allant le relancer à trois heures du matin qu'une
masse inerte gisant sur un grabat (ah ! les misères de cette
existence de guides !) — Bartoli se montre écrivain véridique
et positif.

Montagnard complet, venu trop tard pour être des générations conquérantes et exploratrices, il aura néanmoins un
rôle tranché : être en fait en montagnes un fin connaisseur
— connaisseur à quatre mille mètres, à trois, à deux, et
jusque dans les merveilles des régions basses ; connaisseur
aux Alpes, aux Pyrénées, dans l'Esterel — et pour les
Pyrénées, les représenter dans leur ambiance de la fin du
xixe siècle, vivement, — un alpiniste qui écrit court, ô joie !

en tableaux condensés (des *comprimés* de Pyrénées) ; tout
y est. Et il a le don, il fait amusant. *C'est du théâtre*, dirait
Sarcey.

Oui, du théâtre. Voyez sa tournée de 1884, Cauterets à
Luchon, trois articles du *Bulletin Sud-Ouest* (publiés à
nouveau depuis dans un volume d'ensemble, *Montagnes et
Montagnards*, sous le pseudonyme de *Martagon*, chez
Lemerre, 1901). Mais c'est une revue de fin d'année !
Premier acte. *Cauterets par la chaleur.* Vous, qui en
juillet avez hâte de quitter Paris pour venir « respirer » à la
montagne, goutez ceci : la toile se lève, Cauterets grille, on
dirait les *Animaux malades de la peste.* « Depuis le
commencement de juillet une chaleur torride brûlait les
Pyrénées.... Cauterets, malgré son altitude, étouffait entre
les parois surchauffées de sa vallée.... Ecrasés par un
invincible affaissement, maints touristes restaient inertes et
oisifs dans la ville. Quelques-uns, *pensant changer de
climat en changeant de vallée*, se rendaient en voiture à
Gavarnie.... On ne voyait plus que de très rares cavalcades...
Les guides, désœuvrés et piteux, en étaient arrivés à réclamer
leur grande ennemie, la pluie. Ils erraient nombreux dans
les cafés et sur les places, épiant la moindre velléité
d'excursion qui se manifesterait chez un voyageur.... Les
baigneurs ne se risquaient au dehors que sous la double
protection d'un parasol et d'un casque en liège ; encore
marchaient-ils avec soin dans l'étroite bande d'ombre
projetée par les murs. » Le soir seulement, « à l'heure où le
couchant colore d'un rose exquis les neiges de Culaous »,
la vie et le mouvement renaissent parmi cette population
d'accablés. Une apparence de fraîcheur se fait sentir dans
l'air sec.... Alors tout bourdonne dans la ruche humaine,
c'est à qui parlera plus haut que le voisin, autour des tables
du Café du Casino ; les élégantes passent et repassent, les

musiciens ambulants râclent pour la centième fois leurs mêmes airs, la montgolfière s'élève lente dans l'air calme. Et les touristes projettent des courses. — Entrée de Wallon, armé d'un bâton et chaussé d'espadrilles : l'infatigable marcheur, l'éternel jeune homme, le montagnard à l'inaltérable amabilité, à l'entrain légendaire ; il donne des itinéraires, des indications de raccourci pour le Viscos, qui risqueront d'ailleurs de faire casser le cou aux inexpérimentés. — Entrée d'une caravane arrivant du Vignemale : trois guides ramenant trois touristes, dont l'un assez gaillard, l'autre délabré et le troisième demi-mort d'épuisement. — Entrée de Bartoli accompagné de deux amis, Jules Hirschfeld et Victor Thonnerieux : qu'importe la chaleur ! pour les fervents *c'est dans cette gloire de lumière que les Pyrénées sont puissamment belles*. Et Thonnerieux bien que novice *sent ses artères s'allumer d'une ardeur inconnue, la fièvre des montagnes*, il a déjà l'*entraînement moral*. En avant pour la seconde ascension du Chabarrou... pardon ! la « première par la voie directe » : Saint-Saud et Maumus l'ont eu neigeux et polaire, demain il sera brûlé et sénégalien. Ici deux couplets charmants : l'un *Je ne connais rien de plus charmant que le val de Jéret, c'est un pur chef-d'œuvre de grâce sauvage* (ainsi les beautés inusables des Pyrénées sont les beautés connues, populaires, classiques), l'autre sur la toute petite source de Boussiès, à l'eau glacée si savoureuse : *C'est le lieu de se gorger sans frein* ; fi des ridicules préventions d'une prétendue hygiène. Dans ces montagnes, sous ce climat africain, il faut boire sans autre mesure que la soif... — Changement à **vue** : sommet du Chabarrou, vue merveilleuse (c'est le Piméné du Vignemale), tout est en rare vigueur de relief, jusqu'aux murailles de la Partagua. — Changement à vue : le val abandonné et sauvage de Puytrémous. — Changement, finale, ballet : une fête de nuit à Saint-Savin.

Deuxième acte. *Au Vignemale.* Le grand plateau de
névé. Par le Cerbillonna, en ascension horriblement dure,
conduits par Clément Latour et Sarrettes jeune (soixante-
trois ans), grimpent, tendus et haletants, même cordant et
piolétant, Bartoli et le néophyte Thonnerieux. Sur la
brèche apparaît la figure du comte Russell qui de là guette
les arrivées de touristes : tel un marin reçoit ses invités à la
coupée. Les deux arrivants montent à bord et sont conduits
à la cabine du commandant (la grotte) puis à la dunette (la
Pique-Longue). — Ici deux « numéros » d'importance.
Russell d'abord, sensationnel, à la pointe d'excentricité,
mais nullement misanthrope. Bartoli le contemple à grands
yeux et le juge d'un trait : *il s'est mis en communication
avec le génie de la montagne dont il est devenu le confi-
dent : dans les antiques Pyrénées il voit une âme qu'il
entend vibrer et dont il saisit les harmonies mystérieuses.*
Puis le grand rondeau obligatoire, sur le temps passé et le
temps présent : *grandeur et décadence des montagnes !* le
Vignemale perd tous les jours de son prestige : d'ailleurs,
c'est toute la montagne qui est finie, l'alpinisme l'a tuée ; à
faire l'impossible on a perdu la notion de la difficulté et du
danger, rien ne compte plus, rien en Europe n'est plus assez
effrayant, assez vertigineux ; rien ne va plus !... — Changement à vue : le glacier d'Ossoue, descente sans corde :
*aux Alpes les guides attacheraient sur un glacier meilleur
que celui-ci.* Rencontre de Brulle, qui accompagné de
Célestin monte faire une visite au comte Russell. Brulle,
l'étonnant, le flegmatique. « Cet homme est fabuleux. » Il
arrive des montagnes de Luchon et donne des « tuyaux »
corroborant les instructions de Russell sur le pic des
Hermittans. — Changement : perspective de « l'ennuyeuse
vallée d'Ossoue ».

Troisième acte. *Gavarnie.* Devant l'Hôtel des Voyageurs.
Encombrement d'hommes, femmes, chevaux et ânes. Mêlée

glapissante de vociférations, appels, injures en patois
sonores ; fourmillement criard, exubérance de gestes. Bruit
tintinnabulant, nuage de poussière, un landau à quatre
chevaux, puis vingt, puis cavaliers. Tumulte. Les loueurs
se précipitent sur les touristes affamés qui restent insensibles
et se ruent dans l'hôtel : on lutte pour une table, on se bat
pour une côtelette : Mademoiselle, six déjeûners ! Mademoiselle, un verre d'eau ! Une absinthe ! Il y a deux heures
que j'ai demandé une omelette.... C'est l'invasion des
barbares, dit Thonnerieux. (La voilà, la montagne
moderne. Eh bien ! on y est arrivé, à la vulgariser !) Après
le déjeûner, la bousculade redouble, les indigènes plus
gesticulants que jamais, les touristes plus excités par le
repas. Chœur de la location des chevaux et bourriques et
du départ pour le cirque. Sortie générale. La paix. — Alors
les « numéros » de revue se pressent, caractéristiques.
L'alpiniste des Alpes, accablé par le climat des Pyrénées et
démoralisé par leur rudesse. — Le jeune parisien à la frêle
apparence qui la veille, avec Henri Passet, partant de la
cabane de Gaulis a fait en un jour sans grande fatigue les
sept sommets du Marboré : le Mont-Perdu, le Cylindre, le
pic du Marboré, la Tour, le Casque, le Taillon et le Gabiétou.
C'est que — reprend Bartoli dans un vibrant couplet — le
parisien, enjoué, souple, sceptique, très peu facile à étonner,
s'attaquant d'entrée de jeu aux plus rudes montagnes,
énergique et soutenu par ses nerfs, est un touriste admirable.
Et il généralise : le premier alpiniste du monde *par nature*,
intrépide, agile, adroit, décidé, tenace, insouciant, gai,
facile de caractère, ayant l'initiative et se faisant aimer,
c'est le français. Le français que rien dans son éducation
ne prépare aux grands exercices physiques, tandis que tout
y prépare l'anglais. Eh bien, prenez un anglais, élevez-le
comme un français et lancez-le sans préparation devant la
montagne, il y sera surpris, penaud, gauche, paralysé en

face d'une chose dont il n'a pas la notion.... — Chœur des
guides de Gavarnie. Ils accablent de sarcasmes méprisants
leurs collègues de Luchon.... — Double entrée : le guide
des Alpes et le guide des Pyrénées : celui-là plus lourd,
plus lent, mais plus soigneux de son voyageur ; celui-ci
hardi, vigoureux, sobre, probe, rapide d'allures, mais un
peu amateur et ayant volontiers l'air de se promener en
montagne pour son propre compte.... — Entrée de deux
touristes, le bien mis et le mal mis ; toute la sympathie de
Bartoli est pour ce dernier. Les touristes bien mis sont de
piètres montagnards. — Entrée de quatre touristes-types.
Le touriste à la Perrichon. Celui qui marche pour sa santé.
Celui qui aime la montagne pour elle-même, pour sa beauté,
pour ses secrets, pour qui l'ascension est un moyen, qui fait
la difficulté s'il y a lieu et ne la recherche point : *Que de tels
touristes ne sont-ils les plus nombreux !* Celui qui ne fait
que du sport (le sport, une chose qui se suffit à elle-même
et fait abstraction de tout autre mobile) : l'alpiniste
qui ne voit rien et ne sent rien ; courageux jusqu'à la
témérité, certes, mais son énergie est stérile *et sa bravoure est dépensée bêtement* (mot violent, mais qui marque
une évolution, presque une insurrection, dans l'histoire
montagnarde : ils ont lassé la patience, les interminables et
secs récits, toujours pareils, des grimpeurs pour grimper
qui ne parlent que d'eux et se racontent leurs bergschrunds
comme les gens de théâtre leurs succès, des *m'as-tu vu* de
l'alpinisme ; — la mesure est comble : entre les épileptiques
de l'ascension et les montagnards posés et qui sentent,
maintenant schisme profond, même antipathie déclarée).
— On ne peut finir sur cette scène tendue. Les barbares sont
partis, le touriste qui sent s'assied après dîner devant
l'hôtel et fume un cigare espagnol, qui d'ailleurs lui paraît
exquis, tant est puissante l'influence des milieux. Soirée
fastueuse et poétique. Dans l'air calme et tiède le parfum

des prairies monte de la vallée, parfois un lambeau de
chanson traverse le silence. Une langueur caressante est
répandue sur terre et la pensée s'assoupit dans la douceur des
choses. Nonchalamment le voyageur suit sur les monts la
décroissance de la lumière. Peu à peu les cimes perdent
leur nimbe d'or, les neiges passent du rose au livide, les pics
et les forêts s'anéantissent dans l'ombre. A cette heure la
montagne s'emplit de mystère et devient le domaine du rêve.
La blanche forme de la cascade apparaît comme la chevelure flottante et démesurée de quelque génie des eaux
folles....

Lent et magnifique baisser du rideau ! Et quand il se
relève sous les applaudissements, le décor a changé : sur le
sommet du Taillon, invocation à la vallée d'Arrasas, et aux
célèbres escarpements du Cotatuero, ce cirque espagnol
adossé au cirque de Gavarnie qui, lui, est toujours le roi
des cirques....

Quatrième acte. *De Gavarnie à Luchon.* Panorama
mouvant. La toile de fond, devant laquelle marchent
Célestin Passet, Bartoli et l'alpiniste des Alpes, se déroule,
montrant Gèdre, le col de Cambieil, la vallée d'Aure, Saint-
Lary, un hôtel, une chambre, un lit ; les touristes esquissent
la pantomime de se coucher et de s'endormir ; aussitôt fourmillement, grand *ballabile* des punaises (les petites filles de
celles qui ont mangé Chausenque) ; les touristes font ceux
qui fuient : col d'Azet, vallée de Louron, Génos, col de
Peyresourde, Oo, lac de Séculéjo et sa cascade, fameuse
dans le monde entier. Séculéjo ! où monte tout le Luchon
marchant et chevauchant. Séculéjo aux bords, hélas ! garnis
de tessons et d'os de poulets. Séculéjo ! méritant les
descriptions passionnées et le débordement de lyrisme
dont il a été l'objet depuis Ramond. Séculéjo ! clef d'une
vaste région haute, la plus alpestre des Pyrénées — la
région de Lézat et de Russell. Le panorama continue à se

dérouler. Cirque d'Espingo. Ici l'alpiniste des Alpes n'en peut plus et renonce. Cirque glacé d'Oo — cris de surprise! — aux blancheurs resplendissant d'un insoutenable éclat. Enfin, sommet du pic des Hermittans. Apothéose. Bartoli jouit de sa solitude sur cette cime foudroyée, au-dessus d'effroyables abîmes, en face du Posets éblouissant de neige, du Cotieilla, du Turbon et de cent autres montagnes espagnoles toutes rouges dans l'air en feu. Célestin, blasé, dort....

Cette brillante revue pyrénéiste, si touffue et si serrée, n'est que partielle. Et Luchon et les Monts-Maudits? Et les Pyrénées orientales? Rassurez-vous, elle aura bientôt une seconde partie.

Cette année 1884 mourut Lézat, quatre-vingts ans.
L'année suivante va se clore la période explorative d'une carrière pyrénéiste illustre entre toutes.

XVI

UNE DERNIÈRE EXPLORATION DE RUSSELL
LARDANITA ET PERAMO.

Rien ne manque à la liaison du comte Russell et de sa montagne, pas même les querelles d'amants.

En 1885 scène de jalousie féroce. Russell est allé, de Luchon, visiter le pic Gallinero, se placer sur la crête de *Lardañita* (dans les trois mille mètres; Sud-Ouest du Posets : *Lardañita, petit Posets*) « à l'heure sereine et solennelle où le soleil, descendant sur des brumes écarlates, sombrait dans un océan d'or, de pourpre, et de montagnes en feu », et, avant de revenir par la vallée peu connue de *Peramo* (voisine de Baticiel, et une merveille, voilée de noirs sapins et d'une solitude crépusculaire rappelant en même temps l'Angleterre et la Suisse) a passé, par une lune aussi brillante que le soleil du Nord, une nuit dont la magnificence l'a tenu éveillé — « *la mousse était déjà toute étoilée par les larmes de l'aurore, quand je cessai d'entendre la voix tonnante de la cascade de Lardaña, espèce de cataracte, fille du désert et des neiges, qui écumait au clair de lune comme un fleuve d'étincelles de phosphore et de perles, imitait les éclairs et la foudre, et déchirait au loin le silence des forêts endormies... » — une nuit si splendide, si suave, si bleue, si embaumée.* Et il la peint avec tant de morbidesse et de délectation, avec des expressions si voluptueuses et si veloutées, qu'après cela, quand il vient retrouver le Vignemale, il est accueilli à coups de pierre et « presque décapité »; ensuite, séjour très triste, brouillard, tempêtes. Descente. Essai de raccommodement le 21 août : il remonte pour huit jours : « semaine horrible et glaciale, un vrai martyre..., je deviens très morose ; mon pauvre abri prend l'aspect désolé d'un cachot ». Après quoi il est littéralement mis à la porte : « descente difficile, mais nécessaire »; chassé par la famine dans un cyclone de neige, mitraillé, asphyxié, exténué...

C'en est fait des infidélités.

Russell, dompté, a terminé ici sa carrière de dompteur ! Il n'ira plus flirter avec les montagnes de Luchon....

Et voilà le point précis où finit la carrière explorative du comte Russell.

Mais une autre carrière lui reste, de grande allure.

Assis sur son piédestal du Vignemale, contempler d'un œil passionné ces Pyrénées qui sont à lui comme jamais chaîne de montagnes ne fut à un homme. Et regarder s'agiter, *travailler* les nouveaux venus, dans un ascensionnisme perfectionné.

Dès 1885, il verra son jeune ami Swan faire une belle excentricité, du très beau pyrénéisme de difficulté : l'Astazou par le Nord. Par le « précipice formidable » vu d'en haut par lui Russell en 1879 ! Qui l'eût dit ?

Il continuera à recevoir les hommages des visiteurs. Parmi ses hôtes de 1885 : Lamazouère, de Bagnères-de-Bigorre, connu par un immense et absolument grandiose panorama photographique pris du sommet du pic du Midi, qui est peut-être le plus parfait, le plus extraordinaire des documents de ce genre. Pyrénées neigeuses, colossales.

De plus en plus fixé il achève une deuxième grotte, celle « des Guides ».

Et en 1886, il en commence une troisième, celle « des dames ».

(Cette année 1886 a débuté par un fait pyrénéiste notable : la deuxième ascension du Vignemale en hiver, par Degrange-Touzin.)

Vers ce temps-là, une apparition tragique à la villa Russell : deux Anglais, les frères Young, blessés, ensanglantés, sans guide, sans corde.... Glissant sur la glace ils étaient tombés dans la grande crevasse. Heureusement leur piolet les avaient suivis. Miraculeusement arrêtés par un petit pont de neige, ils avaient pu se tailler des pas pour sortir....

Cette campagne de 1886 — dix jours — est « lugubre ». Neige, prison, on grelotte, on est triste, *on n'ouvre plus la bouche que pour manger !* (et on l'ouvre d'ailleurs tout le temps !) mais alors *c'est fastueux et insensé,* car « on a de tout, au moyen des conserves à chauffoir de Chollet et Prévet, invention admirable ! » Suit l'énumération des comestibles, on dirait une page de Brillat-Savarin. Seulement, tout ceci est pour s'étourdir et faire contenance : la **vérité**

est que la neige monte toujours, que la quatrième nuit la
grotte va être bloquée, bientôt l'air manquera ; et dans
l'angoisse de l'insomnie Russell se fait l'effet d'être, vivant,
à la morgue.... Non ! le soleil se lève dans une pourpre
orientale — le soleil du Vignemale ! — Alors les captifs
s'évadent sur le glacier, gambadant, électrisés, respirant
dans toutes les brises un arome de jeunesse, fous comme des
naufragés qui viennent d'être recueillis !...

XVII

DE BOUILLÉ: LA RÉGION D'ARRÉMOULIT.

En 1886, descendant de sa villa, l'amant du Vignemale
croise à Gavarnie celui que lui-même a baptisé « l'époux
du pic d'Ossau », qui y monte. C'est-à-dire Jam. C'est-à-dire
le comte de Bouillé, accompagné d'une de ses filles qui va
inaugurer la grotte des Dames.

Le comte de Bouillé (rectifions : comte Roger de Bouillé,
frère du général, et cousin du blessé de Patay) est un des
grands amoureux des Pyrénées.

Il faut l'ajouter à la Pléiade.

Dans le partage des Pyrénées, il a pris les montagnes des
Eaux-Bonnes. Pour un bon chrétien il est vraiment un peu
bigame, car il ne s'est point contenté du pic d'Ossau, et a
bien épousé aussi le pic de Ger.

En 1881 le comte de Bouillé a conduit le Balaïtous —
peut-on dire — à un tournant de son histoire. Il l'a ascensionné
avec ses trois filles, (*noble exemple ! belle action !* crie à
cette nouvelle Russell enthousiasmé) ; par l'Ouest, encore !
par les cols d'Arrious et d'Arrémoulit ; point par la fameuse
arête Ouest, mais par une dernière variante Nord-Ouest,

bien reconnue et balisée, et se raccordant sur la fin seulement à l'itinéraire Ouest. Avec des guides comme Orteig et Soustrade tout s'est bien passé. Les jeunes filles ont été braves et gaies, baptisant une corniche scabreuse « la promenade horizontale ». L'ascension était même projetée en un seul jour, avec retour aux Eaux-Bonnes en voiture, lorsque ce Balaïtous des familles, si accueillant, s'avise de se fâcher au dernier moment. La caravane de dix personnes n'a pas encore passé au retour le col d'Arrémoulit qu'un orage effroyable la prend, et qu'elle doit grelotter — encore trop heureuse ! — toute une nuit sous un énorme bloc : *la Roche de la Providence*. (Récit dans le bulletin Ramond : *Bat-Laétouse ou Marmuret*. Une remarque : par son frère et par son ami le général Saget, le comte de Bouillé est le premier qui ait eu quelques notions — encore très vagues — sur les officiers géodésiens.)

Dans l'*Annuaire* du C. A. F., 1883 à 1889, le comte de Bouillé, par une série d'articles, réintroduit le versant français, et en même temps donne le dernier poli à la description des montagnes favorites.

Il nous mène dans *La région d'Arrémoulit* — cirque au-dessus du lac d'Artouste — une des plus grandioses des Pyrénées, passage d'ancien glacier qui rivalise avec ceux des cirques d'Oo et de Gregonio ; superbes excoriations de granit, lacs, cirque de pics : Soques, Sobe (inédits dans la littérature pyrénéiste), Arrious, Arriel, Palas, et derrière le col d'Arrémoulit, le Balaïtous « qui semble un monde » ; au loin à l'Ouest, le pic d'Ossau, si étonnant vu d'ici. (Que semble-t-il, celui-ci ? une pique circulaire, avec un précipice tout autour. Qui croirait, à le voir si invraisemblable, qu'il ait été le premier pic « fait », et qu'il ne soit pas coté comme difficile ? Ah ! les apparences en montagne !) Toujours herborisant, toujours chassant, toujours veillant sur ses filles, toujours accompagné d'Orteig, de Soustrade, de Labarthe, de Laborde, le comte de Bouillé dans ses tentatives sur le Palas (comme ce pic a été peu souvent réussi! mais il n'est pas capital), a pratiqué à fond Arrémoulit. Pris par le brouillard dans ce dédale de granit, et se souvenant aussi de la nuit du Balaïtous, il pense à la création d'un refuge. Et c'est ici que pour ne pas perdre de temps à descendre du col d'Arrious au lac d'Artouste et remonter, Orteig imagine une abrévation effrayante, un très mauvais pas dont il dit « qu'il n'est pas bien joli » (le mot des guides pyrénéens en pareil cas). C'est le fameux *raccourci d'Orteig*. (Depuis, on l'a amélioré.)

[Le refuge d'Arrémoulit réclamé par le comte de Bouillé, est construit de 1884 à 1886 par la section Sud-Ouest. Il est d'un système bâtard, tenant de la grotte et de la construction : c'est une excavation naturelle de rocher, fermée par un mur en maçonnerie. Système condamné depuis, les grottes commençant nettement à perdre la partie.]

Le pic d'Esquéra, 2550, voisin de la Latte de Bazen.

Vient ensuite une monographie superbe du *Pic d'Ossau* (à ce propos : n'oublions pas le nom du vainqueur du petit pic ; le guide Biraben dit Eschotte). L'on demeure stupéfait d'apprendre que ce pic aujourd'hui encore formidable n'est plus que la moitié ou le tiers de ce qu'il fut jadis : toute sa croûte s'est émiettée, il ne reste plus que l'*âme* de porphyre. Le colosse n'est qu'un chicot !

Puis c'est le *Pas de l'Ours*, *Pla-Segouné*, *Eres Taillades* (le Gabizos, montagne aimée de Jam). Tout ceci est écrit simplement, gaiement, très net ; non point, d'ailleurs, pour apprendre ces régions à ceux qui ne les savent pas ; ce sont de charmantes causeries entre initiés, comme on en a les soirs de campement. (Ici est la visite au Vignemale.)

Et puis le *Lac d'Isabe*, *Sesques*, *Gazies*, et c'est un délice, après l'orgie d'Espagne, de retrouver ces noms français et ces régions amies. *Quelques lacs des Pyrénées, chasse et pêche* (Suyen, Artouste, Arrious, Isabe, Aule, du Milieu, Gentaoü, Barsaoü, Casteraoü, Peyreget, Pombie), de rencontrer, au lac d'Ayous, Loustau, « l'immortel chasseur d'ours », quatre-vingt-un ans — se rappelant en 1888 comment en 1844 il a tué « Dominique », un ours de choix.

Tout cela, charmant : c'est du parfum de pyrénéisme.

Pour finir la belle monographie du *Pic de Ger*, elle vaut un plan en relief. Il n'a que 2600, ce Ger, mais c'est un grand pic, *comme toute montagne qui monte de deux mille mètres sur sa base,* suivant le mot de Schrader. Et comme le comte de Bouillé le connaît, le possède, ce beau pic ! Il pourrait en modeler un relief les yeux fermés. Le Ger est à lui comme à Chausenque.

XVIII

GOURDON. — LE PIC DE HOURGADE.
LES HAUTES MONTAGNES DU COMMINGES.

Après avoir commencé par les montagnes luchonnaises de Lézat, de Tonnellé et de Russell, continué par les siennes propres dans le val d'Aran, louvoyé d'un bout de la chaîne à l'autre, Gourdon dans ses innombrables courses a pu arriver encore sur quelques grands pics des Pyrénées centrales ou le premier, comme au Mal Pintrat, au Mal Plané, au Pic Noir de 3042 mètres entre les cols des Gours-Blancs et de Spijeoles, ou des premiers comme au pic de Boum (troisième ascension, après Lambron-Lézat et Narino), au Spijeoles, et à partir de 1881 jusqu'à 1888, aux pics d'Arré, des Hermittans, de Lustou, de Hourgade, Pétard, Grand-Clarabide (seconde ascension) : avec son fidèle guide hispano-luchonnais Raphaël Angusto, il s'est engagé dans une exploration suivie des grandes montagnes du bassin des Nestes : Louron et Aure.

Sa vraie trouvaille, c'est le pic de Hourgade.

Le Hourgade vrai, dénommé jusqu'ici *Belle-Sayette* par confusion. Presque trois mille (2966). Supposé difficile et négligé par Russell. Pris en 1882 par Brulle et Bazillac conduits par Célestin, mais dans le brouillard ; repris dans les deux sens en 1884 et *inventé* par Gourdon, qui en bon disciple de Lézat ajoute à la couronne de Luchon ce fleuron superbe.

Détaché de la crête frontière, à cheval sur Oo et Louron, accessible des deux côtés, facile, mais trop éloigné pour être jamais vulgaire, dominant la Belle-Sayette et le lac de Caillaouas, placé face aux hautes et sauvages régions d'Oo, de Gourgs-Blancs, de Clarabide, au Posets, le Hourgade ressuscite sur une plus grande échelle le pic Néré d'autrefois. C'est un des plus beaux observatoires des Pyrénées, c'est encore un Piméné, tardif et ayant mis un siècle à se révéler, mais qui se rattrape, dès le début très lancé.

Lancé dans un périodique local, la *Revue de Comminges* qui depuis 1885, paraît trimestriellement à Saint-Gaudens. Naturellement, une des premières publications à faire dans une pareille revue est une monographie de la portion de Pyrénées ressortissant à l'ancien pays de Comminges, et non moins naturellement le rédacteur montagnard de la revue est indiqué : Gourdon, qui — après un article sur *la Barousse* — donne une partie de ses notes sous le titre :

Les hautes Montagnes du Comminges, grande courses et ascensions sur la frontière franco-espagnole.

(Réunion ultérieure en un très rare volume, *Les hautes Montagnes du Comminges, par Maurice Gourdon, officier d'académie, attaché au service de la carte géologique de France*, Saint-Gaudens, Abadie 1890, de 196 p., tirage à cinquante exemplaires).

Impressions de route très personnelles, spéciales, d'un pyrénéiste formé par Lézat et impressionné par Russell ; elles s'adressent plutôt aux initiés. Leur point essentiel est de présenter *en ordre* les montagnes du Comminges : c'est-à-dire *les quatre-vingts kilomètres de grande chaîne qui enserrent les sources de la Garonne,* — et de nous porter irrésistiblement à reprendre le livre de Ramond.

Oui, il faut encore une fois réveiller Ramond, pour le ramener aux Pyrénées. Rappelez-vous, Ramond, quelle fut en 1787 votre donnée première : la reconnaissance des sources de la Garonne, *de la longue suite de cimes bleuâtres où le plus beau des fleuves des Pyrénées devait avoir une origine digne de la majesté de son cours.* Et votre solution de ce problème par l'excursion Barèges-Luchon ; solution « élégante », saisissante de forme, mais sommaire et partielle. Reprenez aujourd'hui la question dans la manière, XIXe siècle, fouillée, et où *le plus près possible de la chaîne* est d'être dessus : le livre de Gourdon trace votre nouvel itinéraire (votre récit de 1787 fut le point initial ; après cent ans de pyrénisme voici le *terminus*) en six sections.

Descendu de votre hourquette d'Arreau dans

1° *la vallée d'Aure,* vous marchez cette fois vers ce que vous appeliez *les âpres sommets où serpente dans un lointain reculé la route du port de Bielsa,* vous allez chercher un panorama d'ensemble au sommet du pic d'Arré, — poussez ensuite à l'extrême fond, sous ce mur de Troumouse qui vous sépare des eaux tributaires du Gave de Pau, attaquez le val de la Géla et son pic de Barroude, puis successivement le val de Moudarg, le val de Riou-Majou jusqu'au pic d'Ourdissetou, conquérez au passage le modeste mais bel observatoire du Sarrouyés, et montez au Lustou ; de l'autre côté vous serez dans

2° *la vallée de Louron,* aux fonds grandioses : gorge de la Pez, ascensions du Pétard-Batchimale (enthousiasmant : d'où ce cri de Gourdon atteignant enfin la cime après diverses vicissitudes : *le grand Pétard est à nous !),* du grand pic de Clarabide et du pic des Hermittans ; vous faites le Hourgade, en « col » pour tomber dans

3° *la région d'Oo* : ici le Spijeoles, le pic Noir, le Seil de la Baque (aussi la Tusse de Montarqué chère à Lézat ; Gourdon ne lui donne pas un chapitre, remplacez-le par un article d'Eugène Duval dans l'*Annuaire du Club Alpin* de 1886) et le célèbre Perdighère. Par le sommet du Céciré vous passez dans

4° *la région du Lys* et faites sa couronne de pics : Quairat, pic du Passage, Crabioules, Tusse de Maupas, pic de Boum, Mal Barrat, Mal Plané, Mal Pintrat. — Au pic Sacroux vous arrivez à

5° *la région de la Pique,* port de la Glère, pic de Sauvegarde port de Vénasque, pic de la Mine, et même vous montez le pic de la Pique pour faire bonne mesure. — D'un bond, vous sautez dans

6° *le val d'Aran,* droit au sommet de la rude Fourcanade, passez à ce port de Viella que vous auriez tant voulu connaître et que dans votre jeune ardeur vous vous flattiez d'atteindre en faisant l'ascension du pic de la Maladetta « en col », vous en dûtes rabattre. Ici, un vaste demi-cercle de grands pics que vous ascensionnez : Montarto des Aranais, Grand Colomès, Sandrous, Aiguilles de Sabourédo, la Lanza : c'est le « mystérieux laboratoire », comme vous diriez, le sanctuaire — violé par Gourdon — où réellement la Garonne s'élabore. Et pour couronnement, après les splendeurs de cette exposition, vous stoppez ému et recueilli

au Pla de Béret et regardez ce qui sort de la montagne !....
Ridiculus mus : la source officielle de la Garonne....

XIX.

TOURISTES : DEGRANGE-TOUZIN, ETC.
LES « EXCURSIONS COLLECTIVES ».

Rentrons dans le bruit de conversations de la section (ou du *Bulletin)* Sud-Ouest, dont les membres actifs pratiquent tous les sommets, de la Rhune au fond du Tyrol.

Un récit de premier intérêt. De Degrange-Touzin, pyrénéiste passionné, qui s'est préoccupé d'étudier le mouvement de recul des glaciers pyrénéens, si inquiétant à la fin du XIXe siècle. Pris du désir d'émotions nouvelles, il veut connaître les Pyrénées au cœur de l'hiver, se donner « le monotone mais étonnant spectacle des neiges accumulées dans toutes les vallées et sur tous les sommets ». Le 24 février 1886, froid vif, ciel pur, atmosphère lumineuse : il part, dès Lourdes est enfièvré de pyrénéisme — il décrit le bassin de Luz et la gorge de Saint-Sauveur comme si cela n'avait jamais été fait ! — et voici la seconde ascension en hiver du Vignemale, dans une relation *(Gavarnie, Piméné, Grand-Vignemale)* simple, exacte, minutieuse, longue; mais ici la longueur est presque une qualité, elle donne la sensation de la neige constante, interminable, monotone, la neige immense. Variété de la montagne ! Aucune ressemblance avec l'ascension de Russell dix-sept ans auparavant. C'est que cette fois, la neige descend six cents mètres plus bas, à douze cents mètres. Dès le haut de la montée de Gèdre on y entre, pour ne la plus quitter un instant de quatre jours. Autant dire que l'ascension du Vignemale

commence là et devient formidable de dimension. Agrandissement des Pyrénées par la saison, par la neige. Neige
sur tout. Le chaos a presque disparu, c'est à peine si les plus
gros rochers émergent de la surface blanche. Plus de route:
un fossé d'un mètre de large creusé dans la neige. La vue
est incomparablement belle. Enthousiasme. Les cristaux de
neige glacée scintillent au soleil comme des milliers de
diamants. Paysage uniformément blanc, la blancheur exaltée
par la couleur sombre des rochers sur lesquels la neige n'a
pu tenir: beauté saisissante, incomparable. Gavarnie, tout
blanc. L'hôtel Vergez est toujours ouvert, accueillant; gîte
précieux. La vue du cirque, admirable. Vite, faire appeler
Henri Passet. Le lendemain, comme essai, le Piméné, tout
blanc, faisant contraster les rochers; ascension assez délicate, il ne faut pas se faire entraîner en avalanche. Neige,
neige: les vallées en sont combles; toutes les lignes sont
devenues souples et gracieuses, et ce grand tout est inondé
d'une lumière éblouissante. Spectacle grandiose au delà de
toute expression. Le lendemain, temps sombre; le cirque,
triste, immobile, désolé (ah! nous sommes loin de « l'invasion des barbares »); solitude immense, tout est funèbre.
Mais saisissant. Rien ne coule plus, toutes les sources sont
endormies par le froid; la grande cascade elle-même est
tarie, immobile dans ses quatre cents mètres, immense sta-
lactite de glace rugueuse et mamelonnée: admirable détail
d'un admirable tableau. Le lendemain, beau temps; à quatre
heures du matin, avec Henri et Pujo, départ ému pour la
grande aventure. La vallée d'Ossoue est ensevelie comme
dans un sépulcre; au delà du bois de Saint-Savin, à la place
du chemin, un « mauvais pas », un précipice de glace où il
faut tailler. Isards. La cascade des Oulettes à neuf heures:
à la différence de Russell on peut la risquer par la rive
droite. Maintenant, l'ascension: il y faut efforts, vigueur,
ténacité. Interminable montée par le Monferrand. Fatigue.

La grande crevasse est encore ouverte. Temps peu sûr :
brouillard sur Gavarnie, et à l'instar du Mont-Blanc le Mont-
ferrand « fume sa pipe ». Inquiétant. Grand froid : thermomètre, - 10, quarante degrés de différence avec Russell qui a
eu + 30 au soleil. Encore un effort. Le grand plateau : la
villa Russell est sous quinze mètres de neige. A dix minutes
du sommet, accablement, impossibilité d'avancer, mais refus
de descendre. Les guides venant au soutien, à trois heures
sommet : la mer de nuages sur la France, l'Espagne splendide, et le souvenir du cri de Russell : *qui donc peut
oublier de pareilles splendeurs s'il a pu les voir ?* Impossibilité de se restaurer : les vivres glacés. Quatre heures :
descente par le côté opposé du glacier, le long du petit
Vignemale. Six heures : pas des Oulettes. La grande avalanche de Pouy-Mourou : marche très pénible dans la neige
ramollie : épuisement absolu. La nuit. Le mauvais pas. Dix
heures et demie : Gavarnie ! Le lendemain, par un soleil
radieux, après avoir serré avec effusion les mains amies des
deux guides (Henri Passet a les deux orteils gelés et va
subir une opération chirurgicale) départ, sortie de la neige
à Gèdre et descente à regret vers les plaines....

Et voilà comme on sent — quand on est seul. (Encore :
De Gabas à Gavarnie, par le Balaïtous, Panticosa et le
Vignemale. Bref récit de Degrange-Touzin : très bien. *Des
Eaux-Bonnes à Pampelune* par Estaens, Osa, Boca del
Infierno, Hecho, etc. De Gustave Cadier : très bien.)

Mais rappelez-vous l'axiome de Russell : à plus de deux,
la poésie s'en va.

Un an après, le 25 février 1887, Blaquière *(Excursion
hivernale à Gavarnie)* est aux Piméné avec quatre de ses
confrères du Sud-Ouest et Henri Passet. Ils sont plus de
deux : c'est une « excursion collective ». Mais quelle
ressource que cette hospitalité de Gavarnie l'hiver !

Les « excursions collectives » se multiplient. Elles sont
en général si agréables ! et sinon poétiques, du moins si
gaies !

L'excursionnisme : pour la montagne un signe de maturité
avancée ; un degré de plus que le tourisme. C'est l'invasion.
Pas « l'invasion des barbares », mais l'invasion de troupes
réglées. L'invasion tout de même.

En quelques années, depuis 1884, la section du Sud-Ouest
à elle seule organise cinquante excursions ! Dans la
montagne et aussi dans la plaine : excursions dans la Lozère,
aux gorges du Tarn, au pont de Cubzac, à Saint-Sébastien,
à Saint-Emilion, à Salies, à la Haya, à Rocamadour, à
Carcassonne, à Arrémoulit, à Libourne, dans la vallée
d'Argelès, à la Gentiane et au pic de Grum, et maintenant
au Piméné l'hiver.

Naturellement, autant de récits que d'excursions, impri-
mant à la littérature pyrénéiste une forme de plus en plus
hachée, impossible à suivre.

Il faut désormais, dans la bibliographie pyrénéiste,
éliminer ces articles si souvent inutiles. Eliminer beaucoup.

Puisqu'il ne peut y avoir poésie dans l'excursionnisme à
plus de deux, que peut-on mettre dans le récit des courses
faites en bande ?

L'*ossature*, ce qui est de la montagne, de l'excursion. La
garniture, ce qui est des excursionnistes : l'équivalent de
ce que culinairement on nomme une « financière ».

C'est par la garniture que les récits d'excursions se
perdent.

La section est allée de Quillan aux gorges de l'Aude, au
Canigou et à Perpignan, compte-rendu d'ossature (E. Bernard), très bien. Avec un bon portrait du guide du Canigou,
le fameux Michel Nou si vanté : *type à part, chasseur,
érudit, hâbleur amusant ; prétentions rémunératrices au*

niveau de ses mérites, dix francs par jour et par per-
sonne, ce qui est excessif pour une course facile en
somme et sans danger : il présente toujours la course
comme devant être accomplie en deux jours ; elle peut
aisément être faite en un seul....

De nouveau, excursion collective au Canigou, 1886.
Garniture. A la gare de Perpignan, les délégués de la
section des Pyrénées Centrales et les délégués du Sud-
Ouest sont reçus par les délégués de la section du Canigou
avec leur bannière rouge et or aux couleurs catalanes (tout
de suite on dirait des orphéons). Et aussitôt les trois sections
d'alpinistes montent.... en tramway. Champagne d'honneur.
Sérénade de l'*Estudiantina Catalana,* chants. (Ah ! on ne
s'ennuie pas. Mais très orphéon.) Le Vernet, organisation
de la caravane : un tas d'affaires. Puis devant la cheminée
du Canigou, défaillance générale. « Comme Bompard devant
la crevasse des Grands-Mulets : *outre, oui, qu'elle me fait*
peur ! » Ceux qui montent n'aperçoivent que du brouillard.

Notez que l'auteur de ce piquant procès-verbal, Delure,
pyrénéiste de sommets très pratiquant, n'est pas pour la
montagne faite en promiscuité. Il fuit les fêtes. Il ne peut
sentir les promeneurs qui déposent le long des registres
d'incription des réflexions idiotes, comme :

Très beau, le cirque de Gavarnie, mais ça manque d'écuyères.

Lui n'en a mis qu'une, une fois, mais qui est devenue
proverbe dans la section Sud-Ouest. Sans vouloir, dit-il,
faire oublier Pascal ou La Rochefoucauld, comme dans un
hôtel de la région du gave de Pau où la note avait été salée
on lui présentait le registre, il écrivit :

Plus l'homme s'élève, plus l'addition monte.

Et quand il excursionne seul, avec Henri Passet, il est
capable de raconter simplement et sans garniture *le Marboré,*
le Mont-Perdu et la vallée d'Arrasats.

Bien mieux. A la fin du xixe siècle — et ceci est particulier — il retrouve devant la montagne l'émotion grave, solennelle, presque la pompe de Dusaulx et de Marcellus. Cent ans juste après Dusaulx terrifié à Barèges par les approches de la Révolution, il s'écrie : « *Dans ce siècle de doute, où les peuples inquiets sentent crouler l'ancien monde et frémissent dans l'attente d'un monde nouveau, où les croyances semblent flotter au hasard des intérêts et au gré des ambitions, où trop souvent la conscience égarée ne sait plus où s'arrête le droit et où commence le devoir, il est bon quelquefois de revenir à la montagne* ». (Dusaulx était à Barèges en 1788, ceci est du *Bulletin Sud-Ouest* de 1888.)

Mais comme ici on excursionne à plus de deux *(Néthou, Posets, Gourgs-Blancs,* dans le *Bulletin Sud-Ouest),* voici que le port de Vénasque franchi, on descend au plan des Etangs « sur le refrain qui a rendu tant de services à M. Paulus ». La Rencluse montée sur *En revenant de la revue,* c'est très gai, très français. Et justement ce n'est pas espagnol ; le charme est rompu. Suppression de la couleur locale. Cependant l'ossature demeure solide : le Néthou monté — à la corde de Manille —, la descente dans Malibierne, Vénasque. (Cette année-là Vénasque est particulièrement pittoresque. Un régiment d'infanterie de Saragosse y détache deux compagnies ; dans la journée le casino de Mariano résonne de guitares grattées par les officiers au premier étage, et le soir le rez-de-chaussée est plein des danses interminables des soldats.) Les excursionnistes sont enchantés, et chez l'auteur du récit, qui est un lettré, l'enchantement prend une forme lettrée et classique : à la Peña Blanca ou dans Erioueil il cite Molière, Léon Say, Virgile, Lenôtre, Mansard, Zola, Augustin Thierry ; devant les torrents de Malibierne : « les rivières sont des chemins qui marchent, a dit Pascal ; *vox faucibus hœsit :* l'Hercule

grec lui-même, qui détourna le Pénée de son cours eût
hésité ». A Vénasque il y a une petite modiste « qui n'est
pas plus modiste que M. Jourdain n'était marchand ». Les
officiers espagnols, pour tuer l'ennui, « recourent à leurs
guitares comme Orphée recourait à sa lyre au milieu des
Sarmates indomptés ». Pour qu'une propriétaire permette
d'installer le bal chez elle il faut l'indemniser, mais « il
en coûta davantage à Achille pour apaiser les mânes de
Patrocle ». Après cette exubérance de garniture, l'ossature
reparaît avec une bonne page sur la cime des Posets. Rentrés
à la « cabane du soldat » les excursionnistes échauffés
passent la soirée à causer — et ils sont dix-neuf — de sujets
élevés, art, philosophie et esthétique. « Si notre discussion
n'alla point sans quelque sottise, songez qu'il s'en disait
chaque soir au Lycée et au Portique, sans qu'Aristote et
Zénon fussent montés au Posets le matin ». De nouveau
l'ossature a le dessus au port d'Oo : cette région est si belle,
on ne peut l'épuiser. Mais au lac d'Oo les excursionnistes,
indignés (tout comme le fut jadis Arbanère) à la vue de
promeneurs montés de Luchon avec des plaids et des bâtons
ferrés, s'amusent à mystifier ces tartarins en leur racontant
que derrière le port d'Oo il y a sur l'Espagne une falaise à
pic de trois mille mètres, tombant sur une plaine qui va
jusqu'à la mer. Sur une si joyeuse « fumisterie » on ne
saurait finir décemment : après avoir pensé à Leconte de
Lisle, Courbet et Beethoven, notre excursionniste reprend
l'exaltation pour une invocation suprême : « *O montagne,
toi qui planes toujours sereine au-dessus du monde
mobile et changeant, qui domines de la splendeur inviolée
de tes cimes les misères et les agitations d'en bas, sois-nous
aux heures de trouble l'amie qui console et fortifie, donne-
nous l'oubli des tristesses que tu ignores, le mépris des
passions qui ne montent pas jusqu'à toi, et apprends-nous
à aimer comme nous t'aimons tout ce qui comme toi*

*défie les souillures des hommes et les profanations du
temps: la justice qui est éternelle, la vérité qui est
immuable, et l'amour qui est immortel! »*

XX.

LA QUESTION DES GROTTES.

Et quelles nouvelles du Vignemale?

Voici. D'abord, réconciliation de Russell avec la montagne
à laquelle il s'est uni par un lien de plus en plus régulier,
« les cérémonies sacrées de la religion ayant célébré ses
noces de glace au sommet de la plus haute cime des Pyrénées
françaises », dit le comte de Bouillé.

En 1887 séjour d'une semaine, brillante et douce, soleil
superbe, lumière intense, pas de vent. « Je suis vraiment
heureux. » D'autant qu'il est monté avec son ami Packe
(lequel est escorté comme toujours d'une chienne des
Pyrénées : Diana).

Pour Russell, la fin de son travail d'exploration des
Pyrénées n'a pas été la mise à la retraite ; au contraire, il a
reçu de l'avancement. Il est passé à l'état mythique de
« génie du Vignemale ». Et sur son Olympe — celui de
Jupiter n'était pas si haut ! — il tient sa cour.

(En 1887, il y a trente ascensions au Vignemale, dont une
caravane de dix-sept membres de la « Société des Excursionnistes du Béarn ». Nous voici aux Sociétés pour
excursionner. Il se crée ainsi la « Société des Excursionnistes Tarbais ». En onze ans, 1877-1887, deux cents
ascensions au Vignemale, par un millier d'ascensionnistes.
Moyenne annuelle des ascensions depuis 1883: de vingt à
trente-cinq.)

En 1888, une semaine encore, en août, tard, parce que

les grottes (notez ceci) ont du mal à se débloquer et à sortir de la glace, il visite ses dépendances et envoie à l'*Annuaire du Club Alpin* l'article : *Hautes crêtes d'Aspé, de Pouymourou et d'Estoum-Soubirou. Ma dix-septième campagne sur le Vignemale. Un campement sur la neige à 3.200 mètres d'altitude. Utilité et avantages des grottes artificielles.*

Et un événement « unique ». Le comte de Monts, Brulle et Bazillac, montent, installent en face des grottes une tente, la « villa Miranda » (baptisée par Bazillac qui est de Mirande) où Madame Brulle vient séjourner vingt-quatre heures, et par un temps idéal font passer au comte Russell trois journées délicieuses dans un luxe asiatique..., tapis sur la neige, plate-bandes de fleurs des montagnes, fauteuils, literie, parfums d'Orient, lanternes. *Il y avait même des vaporisateurs....*

Five o'clock Vignemale !

Très bien. Mais alors pourquoi Russell se précautionne-t-il de deux nouvelles grottes, qu'il fait creuser à un niveau bien inférieur, sous le glacier d'Ossoue, à deux mille quatre cents mètres ? Eh mais ! est-ce que par hasard il « aspirerait à descendre » ?

C'est qu'on se lasse de tout. Le monde de l'alpinisme d'abord, se lasse du Vignemale. « Son seul nom fait bondir les lecteurs de l'*Annuaire*, tant j'en ai abusé ! » écrit Russell lui-même. Et puis le glacier monte, et l'on n'est pas sûr de retrouver les grottes quand on reviendra l'année suivante : ceci, c'est une raison ! Et puis il n'est pas certain que la vie y soit toujours facile et confortable. Ainsi il est positif qu'on manque d'eau....

CENT ANS APRÈS RAMOND.
(SUITE).

XXI.

LES CARTES DES PYRÉNÉES ESPAGNOLES. LE *JOANNE* DE 1886.

Cent ans après l'arrivée de Ramond aux Pyrénées, nous en sommes à la publication de la carte d'ensemble du versant espagnol, par des Français.

De Wallon, la *Carte comprenant les deux versants du massif central, depuis la Navarre jusqu'à la vallée d'Aure*, au 150.000ᵉ. Visant moins à rendre le modèle détaillé qu'à marquer les emplacements. C'est un chef-d'œuvre de complet et de clarté.

De Schrader — avec une mission officielle — continuation de la carte commencée par la feuille du Mont-Perdu. Il ajoute la feuille des Monts-Maudits à la *Carte du massif central des Pyrénées espagnoles* (notes explicatives dans l'*Annuaire du Club Alpin*). Grâce à l'éclairage oblique, cette carte donne la sensation d'un véritable plan en relief. A bientôt la *carte totale des Pyrénées, les deux versants*, à prendre dans la *carte du Ministère de l'Intérieur au 100.000ᵉ*. Autre chef-d'œuvre.

Le voilà donc dévoilé, expliqué, à la portée de tous, ce

versant mystérieux, cet agencement jadis inextricable de pics et de vallées.

Entre les deux pyrénéistes, Wallon et Schrader il n'y a eu qu'une seule fois division et manque d'accord: mais sur un point irréparable. Wallon s'est obstiné à ne pas adopter la même échelle que Schrader !

Autre chef-d'œuvre : de Lequeutre.

Prenez tous les écrits pyrénéistes, depuisRamond jusqu'à la Pléiade en passant par Chausenque. Prenez les nombreux livres, les innombrables articles. Classez en ordre géographique, analysez, prenez le suc de cent ans, la moëlle de cette immense production. Vous avez *les Pyrénées*, le guide Joanne de 1886.

Morceau capital.

Placez-le en comparaison avec le *Joanne* de 1858, guide de seconde main fait à coups de : *dit M. de Chausenque...*, *dit M. Cuvillier-Fleury...*, *dit M. Taine...*, etc. et vous demeurez stupéfait de ce que les trente ans de l'époque « héroïque » ont ajouté aux Pyrénées. C'est une chaîne nouvelle. Pour lui faire de la place, il a fallu éliminer du *Joanne* les régions de plaine et en faire un volume à part: *Gascogne et Languedoc.* Dans le guide des Pyrénées, maintenant, tout est montagne. Des paragraphes nouveaux intercalés dans la préface de Reclus nous font retrouver le Schrader des grands jours du versant espagnol: « *Plus étonnant encore est le contraste peut-être unique au monde, des deux versants. D'un côté, vers la France, se dressent des montagnes neigeuses, aux rochers sévères, aux bases couvertes de pâturages, de cultures ou de bois. Au loin, sous le climat doux de l'Océan, la plaine bleuâtre va peu à peu s'éloignant, montant, se fondant avec le ciel toujours un peu vaporeux. Au midi, vers l'Espagne, le contraste est absolu. Les neiges resplendissent dans une lumière éclatante sur des montagnes rouges ou cendrées, qui se découpent fièrement contre le bleu vif du ciel. Les vallées abruptes, bordées de rochers couleur de flamme, semblent ouvertes entre les cimes comme des gouffres infinis, noirs de forêts* ». Et la description enchanteresse d'un pays féroce continue : « *Les longues stratifications de roches calcaires qui s'étendent vers le Sud, brisées de coupures immenses, donnent au paysage un caractère particulier de calme et de majesté. Dans les beaux jours les montagnes s'illuminent et brillent dans le ciel d'une lueur qui ne peut se décrire : tout est lumière, transparence, éclat...* » etc. (Page admirable.)

Puis à feuilleter le *Joanne*, vous reconnaissez, pour chaque indication, de quelle course spéciale elle a été tirée.

Ici ce fut tel jour Wallon, ici Schrader, et plus loin tel jour Saint-Saud. Ce pic est de Russell. Ici séjourna Packe. Ici vint Gourdon. Ceci est une course de Lequeutre. Et vous retrouvez — sous une avalanche de noms inédits — un versant français peu modifié mais cependant approfondi sur quelques points, une haute chaîne enfin connue, avec des pics de premier ordre qu'on ne soupçonnait pas en 1858 ; la moitié orientale de la chaîne (cinquante lieues de grands pics !) remise en valeur, enfin un monde nouveau, l'Espagne !

Tout cela présenté en ordre rigoureux, avec une clarté absolue mais non pas sèche ; c'est un « guide » à la française, de sentiment artiste et lettré, et de rédaction élégante.

Honneur à Lequeutre !

Petit *Richard* deviendra grand... : malgré tout, le *Joanne* de 1886 est l'arrière-petit-fils — vigoureux et émancipé, mais bien le descendant — du guide Richard de 1834. Nous avons tenu avec celui-ci le point de départ, nous tenons le point d'arrivée.

Avec sa carte (de Schrader : on y saisit d'ensemble le

versant espagnol), ses panoramas de Victor Petit qui
survivent immuables, ses vues cavalières de Schrader qui
expliquent si clairement quelques détails difficiles des
régions rares, la netteté de son texte à deux colonnes, le
Joanne de 1886 (mettons : de 1879 à 1890) est une perfection.
C'est le code du pyrénéiste.

Pourvu qu'on ne s'avise pas de vouloir le transformer
sous prétexte de « l'améliorer » ! Il semble qu'à le modifier
on ne pourra que le gâter....

XXII.

FIN DES SIERRAS.
PICS DE LLENA, GINEBRELL, EL PESO, ETC.
MONTURULL. — COSCOLLET.

Au versant espagnol, cependant, il faut encore « un
dernier poli ».

Le comte de Saint-Saud (désormais il signe ainsi) le
donne en reprenant tenacement sa campagne des sierras.

En 1885 *(Un mois d'excursion,* etc.... 1º *Aragon,* dans
l'*Annuaire,* 2º *Catalogne,* dans le *Bulletin du Sud-Ouest),*
dès le 17 mai — grand froid — il plonge en Espagne, au
Somport. Vingt et un jours après, il émerge au Pont du
Roi, venant de Viella. « Viella, c'est presque la France ! »
souffle-t-il comme un homme qui reprend sa respiration.
Avec Gregorio Pascual il vient de recouper ses anciens
itinéraires à travers les tristes et monotones sierras,
visitant de nouveau San-Juan de la Peña, et les sierras
voisines d'Oroel, inconnues (Cuculo, Larrein, etc.), et le
navrant Sarrable ; ensuite Liguerre (au débouché de la belle
gorge d'El Entremon où passe la Cinca), Santa-Liestra,

Merli (sous le Turbon), tozal de Siz ; entrée en Catalogne, de nouveau le San-Gervas ; — puis première exploration d'une région de vraies montagnes, de grandes Pyrénées peu connues, la *sierra de Llebata* ou *de Manyanet* (entre Llesp et Capdella, entre la Noguera de Tor et le Flamisell : bref, montagnes au Sud des Encantados) ; *pic de Llena* (ici l'on remonte à 2700 : vue merveilleuse : au Sud l'Algérie, au Nord la Laponie) ; retour en coupant par Eril-Castell, Liesp (procession de la Fête-Dieu, très pauvre, les hommes suivent tenant des rats-de-cave allumés), Vilaller, hospice de Viella, « site sauvage et merveilleux » chanté par Russell ; au port de Viella neigeux, vue grandiose sur la blanche Maladetta...

La fin de ce voyage, à l'hospice de Viella, est marquée d'un bon gîte, d'une jota, et d'une satisfaction profonde. Dans cette longue excursion il y avait eu quelques bons moments ; hospitalité au château de Leres chez Don José Villacampa y Villacampa, la grande vie ; fête de la Pentecôte à Laguarta, etc. Mais par compensation, que de gîtes désolés, comme Russell les abhorre, où l'on ne trouve ni poulet, ni jambon, ni fromage, pas même du lait : en tout et pour tout, un œuf ! Sans doute le comte de Saint-Saud est très protégé, très pourvu de papiers spéciaux, les préfets espagnols préviennent même les alcades de son arrivée et les receveurs des douanes font fléchir pour lui les règlements ; mais quelquefois les gardes civils, les gendarmes, se montrent méfiants comme doivent l'être de bons pandores et les alcades aussi : ces papiers, subséquemment, ne seraient-ils pas faux ? — Mais voici la signature, le cachet ! — Qu'est-ce que cela prouve, nonobstant ? Et puis voici une catégorie d'ennemis qui se soucie de l'*Orden real* et des recommandations de M. Sagasta comme de la garde qui veille aux barrières du Louvre : à Buils, Saint-Saud est logé dans une chambre inoccupée depuis quelque huit ans qu'y coucha l'ingénieur espagnol Mallada (auteur d'une carte de la province de Huesca) ; il y est livré en pâture à cinq espèces d'insectes qu'il n'ose nommer qu'en espagnol : *pulgas, chinchas, sansonetas, milpiés, piejos ;* puces, punaises, cancrelas, millepattes, poux !

Ce qui n'empêche pas que, quinze jours après son retour en France, il récidive.

Il a rendez-vous, à la gare de Toulouse, avec qui ? Avec Schrader. — Schrader vient donc encore dans les Pyrénées? — Toujours. Il poussera jusqu'à la Méditerranée: seulement il estime qu'on a assez écrit sur ce sujet et il se tait. — Avec Schrader sont deux de ses élèves : Huot et Chesneau, jeunes géographes de la maison Hachette ; ils viennent travailler à la feuille des Encantados. On prend donc le train, «rempli de pêcheurs à la ligne», ce qui étonne Saint-Saud (mais ce qui est une observation vraie : les trains de la banlieue toulousaine en fourmillent). Saint-Girons, Seintein, port d'Uret, Salardu ; on se sépare, Schrader et Chesneau vont sur Esterri, Saint-Saud et Huot sur Trédos (Saint-Saud danse une jota pour l'édification de Huot), le port de Ribereta (vue splendide), descente atroce aux bains de Caldas; Tahul (ici, impossible de retrouver trace de Jacques Mayou, le guide de Lequeutre ; son nom devait avoir été absolument dénaturé par celui-ci), nouvelle exploration des montagnes au Sud des Encantados, *tosal del Pinar* et *pic de Ginebrell* (Ginévreil au nom charmant 2759): sur ce dernier leur guide les abandonne, et surviennent un orage et une grêle tels, que Huot rentre le soir à Tahul « absolument démoralisé » et avec le mal du pays. Il se remet, et le 24 juillet Saint-Saud fait avec lui une difficile, mauvaise, et belle ascension: le *grand pic del Peso* (2893), point culminant de la région Nord de Tahul (et en même temps grande cime Ouest du massif des Encantados). Les pics de plus de 2500 et même de 2800 mètres surgissent partout : pic du port d'Erta, Corronco del Douro, Llachs, sierra de Rus, Coma de Birros. Suite sur Rialp. A Esterri, on rejoint Schrader et Chesneau (qui ont fait la sierra de Campirme et le Montseny), et on se quitte : Schrader prend le port de Salau, Saint-Saud continue sur Tabescan pour se rapprocher de l'Andorre, et rentre par le Cap de Tudela et le port d'Ustou. Soit, cette année, cinq cents kilomètres.

En 1886, avec Vidal, greffier de la justice de paix de Vicdessos, le Montcalm (long et pénible : panorama surfait, monotone, sans intérêt à l'Est et au Sud), la Pique d'Estats (vue très supérieure). Et dans le bassin de la Paillaresa, les pics de 2500 à 2900 continuent à se multiplier : Filia, Castelnou, tosal de la Coste, Buixet, Bedet, Baborta, Hausinils, tosal des Plans, Canvo, Noris, Cap de Burchs, Sabollera, tosal de Cabus, etc., etc. Mais toujours la Pique d'Estats, le Monteixo et Saloria demeurent les clefs.

Et comme Saint-Saud a terminé les Encantados, les montagnes au Sud des Encantados et les montagnes du Haut-Paillas, il arrive naturellement à l'Andorre. Aborder l'Andorre ! pas toujours facile politiquement, il faut prendre soigneusement des gants avec les Andorrans ; ces infusoires vous mettent dehors avec un sans-gêne que ne se sont jamais permis les nations de premier rang ! Or en 1886 il est prudent de ne pas pénétrer en Andorre, pour des raisons locales (il y a toujours des tempêtes dans ce verre d'eau). Mais on peut la contourner et aborder ses pics par l'extérieur. Première ascension de l'*Arcalis* (en Andorre, 2780), coucher à la misérable cabane de la Soucaranne jadis pratiquée par Lequeutre ; première ascension de la *Pique Rouge* (frontière France-Espagne, 2905), pic d'Escurbas (Espagne, extrémité Est du Monteixo 2781), et avec Huot qui est venu rejoindre

à la cabane de la Soucaranne, ascension de la Coma-Pedrosa
(par l'Ouest et Vall-Aygua ; Gourdon était monté par Tor, et
de Monts à l'Est par Arinsall : panorama splendide, *pas une
cime de l'Andorre n'échappe au regard : nommer ces
pointes serait sans intérêt*. Encore une cime dominante
placée au Sud de la chaîne de partage des eaux. Chausenque
la voyant du Montcalm l'appelait *Pic de la Massane)*. Cela
fait, Huot monte aux pics de Saloria et d'Alins, rejoint
Saint-Saud, et tous deux, passant par le village espagnol
d'Os (grande occupation militaire par crainte des carlistes)
viennent à la Seu d'Urgel se placer au Sud de l'Andorre. Il
s'agit d' « ascendre », en l'attaquant du village de Bescaran,
un des hauts sommets de l'énorme sierra qui sépare le
Sud-Est de l'Andorre de l'Espagne ; la *sierra de PortNègre*.
Le sommet qu'y choisit Saint-Saud au jugé se trouve être la
station désignée de la géodésie espagnole : le *puig de
Monturull* (2757). Vue immense: au Sud, l'imposante sierra
de Cadi, aux murailles rayées de *canales ;* pas une pointe
de l'Andorre n'est masquée ; au Nord un massif de grandes
cimes intérieures de l'Andorre, *Alt del Grio* (2870) et
Pic dels Pessons (2865). Et à l'Est, voici que Saint-Saud
sur son Monturull se trouve dominé par de plus hauts pics
de la Sierra de Port Nègre : *Tosal Bobina, la Tossa
Plana,* etc.

Rentrée en France par Bourg - Madame et Puycerda.
« Excursion réussie au delà de toute espérance. » *(Ariège,
Andorre et Catalogne,* dans l'Annuaire.)

L'année suivante, 1887, la tournée reprend *(Dans la
Haute-Catalogne,* pour le *Bulletin Sud-Ouest)* par Puycerda, de nouveau Bescaran et la sierra de Port-Nègre (à
une crête dite de la Rabassa) ; Seu d'Urgel, la Sègre, de
nouveau le Cap de Bou-Mort (nouvel émerveillement comme
il y a huit ans), l'heureux pays — riche en vignobles — de

la Conca de Tremp, Bizcarri (sous un soleil de feu), retour
à l'Est sur la station géodésique du Coscollet au-dessus des
gorges de la Sègre, Coll-de-Nargo, vallées de Perles et de
la Vansa, Tuxent, *sierra de Vert* — d'où se détaille à revers,
par le Sud, toute la sierra de Cadi, infiniment moins belle
que vue du Nord : l'œil scrute aussi « une foule de sierras »,
Rasos de Paguera, Ensija, et, dans ces montagnes arrondies,
la *PedraForca*, pic à arêtes vives, un pic « comme ceux de
France ». Puis *sierra de Port-del-Comte*, énorme massif.
Enfin retour à la Seu d'Urgel. Et après avoir bien lorgné
l'Andorre de l'extérieur, et dissimulant lorgnette et ins-
truments, on la traverse en simple touriste : « ils sont si
pointilleux ; nos demi-protégés ! et tout encore sous l'émotion
de ce qu'ils nomment pompeusement *leur Révolution*,
pendant laquelle ils n'ont tué qu'une pauvre vieille femme ! »
Saint-Saud, fait donc la traversée classique — dans le sens
inusité — entrer par San-Julia, sortir par le port de Saldeu.
Brève relation, deux pages : « on a tant et tant écrit sur ce
petit pays, plus qu'il ne mérite ! »

Et pour se délasser de l'Andorre, Saint-Saud s'offre un
voyage dans toutes les Alpes : Dauphiné, Savoie, Suisse, Tyrol.

XXIII.

L'ANDORRE.

On a tant écrit sur ce petit pays, plus qu'il ne mérite.
Oh ! oui. Il y a trois Andorres. L'Andorre des savants,
l'Andorre des touristes et l'Andorre des ascensionnistes.

L'Andorre des savants, l'Andorre des constitutions de
l'Andorre, l'Andorre de l'*Histoire des Révolutions de
l'Andorre*, l'Andorre de la justice en Andorre, de la liberté
en Andorre, de l'armée en Andorre, du palais d'Andorre plus
copieusement décrit que Versailles ou le Vatican ; l'Andorre

grande comme Saint-Marin, dira Reclus ; l'Andorre, république que Napoléon laissa subsister comme une drôlerie, dont la démocratie est une féodalité, le principal acte administratif le déboisement, et la grande industrie la contrebande ; cette Andorre est un sujet horripilant, voire bouffon.

Les deux autres Andorres : 1º un Y grec majuscule de vingt-cinq kilomètres de haut inscrit dans : 2º un cercle de vingt-cinq kilomètres de diamètre.

Le cercle, c'est l'Andorre des ascensionnistes, des topographes : cercle de pics, on peut en trouver soixante de plus de 2500 mètres.

L'Y, c'est, dans l'espace laissé vide par la houle des pics intérieurs, le cours des deux Embalires séparées puis réunies. C'est le Val d'Andorre !

Pour venir à bout géographiquement de l'Andorre, il a fallu du temps !

Au retour de son voyage de 1823 dans les Pyrénées Orientales, Chausenque note sur l'Andorre : *ce canton, très peu connu, mériterait d'être observé.*

Trente ans après, dans son édition de 1854, le bon Chausenque, toujours peu curieux et pas pressé, répète flegmatiquement : *ce canton, très peu connu, mériterait d'être observé.*

La même année 1854, Boucoiran, en quinze pages, dit tout sur l'Andorre politique et pittoresque, l'Andorre des six paroisses, le val d'Andorre. Dans un morceau classique, sans dénigrement et sans enthousiasme, il fixe l'éternel et unique itinéraire *port de Saldeu-Canillo-Meritxell-Tour de Rossell-Encamp-las Escaldas-Andorra,* sortie par *San-Julia de Loria.*

En 1858, Tonnellé vient se faire enverminer à Andorra, parcourt le val d'Andorre d'un trait et le juge d'une jolie page.

Le premier guide Joanne de 1858 reprend le fameux

chemin Saldeu-Canillo-Encamp-las Escaldas-Andorra-San Julia.

Voilà pour le val d'Andorre. Mais les montagnes d'Andorre ?

En 1864, Russell après avoir lorgné ces montagnes du Montcalm et du Carlitte, descend en Andorre avec Packe, surpris de trouver à la frontière française des pics « dont la fière tournure rappelle les Pyrénées centrales ». Ils veulent rester quelques jours pour explorer « le Sud-Est » (évidemment, de loin la sierra de Port-Nègre et la sierra de Cadi les ont frappés). Mais ne trouvant pour se ravitailler que de la chèvre qui rappelle le caoutchouc et quelques œufs, ils sont mis en une telle déroute, que dans leur panique ils comptent « naïvement » fuir d'une traite jusqu'à Foix. Pris par la nuit au port de Siguier, ils y couchent, d'où le lendemain l'ascension du Rialp. Et Russell, dans son livre des *Grandes Ascensions*, décoche à l'Andorre le fameux itinéraire repris en style lapidaire : *Port de Saldeu, large et excessivement facile, même à cheval. Vue confuse et bornée. Cirque sauvage. Hameau misérable au bord de l'Embalire. Village de Saldeu, pourri de vétusté, belles forêts. Canillo, un peu moins repoussant que Saldeu et possédant une auberge, mais indigne, comme tous les villages de l'Andorre, de la beauté du pays qui l'entoure. La vue est toujours bornée. Encamp, village sans intérêt. Las Escaldas... — Andorre, ses deux auberges sont détestables, l'inanition y étant à l'ordre du jour : l'Andorre a été trop chantée....*

Pour longtemps tout est dit.

Bien que par la carte d'État-Major (lieutenant Péro) surgisse le demi-cercle de grands pics de la frontière française qui renferme les ports d'Andorre : Médacourbe, Recofred, Bareytes, Cataverdis, pic de l'Etang-Fourcat, Rialp, Serrère, Fontargente, Campcardos, etc.

Il faut attendre Lequeutre en 1876, puis de Monts, Gourdon (qui donne dans *Aux rives de l'Embalire* une première description complète de l'Andorre), Saint-Saud, Schrader, Huot, Chesneau. En voici pour onze ans de courses, de stations et de travail.

Alors toute la montagne d'Andorre surgit de terre : des pics au-dessus de 2500 comme s'il en pleuvait ! A l'Ouest de l'Y : Comella Ampla, Coma-Pedrosa, Percanella, El Pla, Arcalis ; — entre les branches de l'Y : Casamanya, Estanyo ; — à l'Est : Alt del Grio, pic dels Pessons.

Et le cercle se ferme sur la frontière andorrane-espagnole par un demi-cercle de grands pics : de l'Est à l'Ouest *pic Nègre d'Embalire* voisin du Campcardos, *En Gait, tosal de la Muga, tossa Plana, tosal Bobina, tosal de Sirven, la Troida, Monturull, Capremonet, Costade de la Peguera* (ici passage de l'Embalire, puis pics de moins de 2500 : Monclar, sierra Plana, puis le niveau remonte) *Seturia, la Duella Port-Nègre, Port-Vell, Sanfans, Vall-Aygua* et *Roca Entravesada* qui touche au Médacourbe.

Ces montagnes, à leur tour, eurent là leur moment : celui où on les inventoria. La grande joie fut d'écrire leurs noms (savoureux) pour la première fois.

Voici l'Andorre connue. Qui croirait que cela a été si dur ?

Mais toujours le lecteur des livres pyrénéistes reste, pour l'Andorre, partagé comme entre Alice et Bertram : entre le pittoresque du pays et l'infamie des gîtes.

En 1884, Paul Perret reprend le thème Saldeu-Canillo-Encamp-las Escaldas-Andorra-San-Julia. Il est bref et dit tout. Pays misérable, pays d'opéra, des changements à vue ; après les villages d'entrée, la basse vallée apparaît comme « une terre promise ».

Dans le Joanne de 1886, description à peu près complète, vallées, montagnes et ports.

Comme Saint-Saud vient de sortir de l'Andorre en 1887,

Gaston Vuillier y entre, et reprend la donnée Saldeu-Canillo-Encamp-las Escaldas-Andorra-San Julia, et la pousse au maximum de développement dans deux livraisons du *Tour du Monde* de 1888 (*le Val d'Andorre*). Impressions de voyage développées, curieuses, mais le thème est bien celui de Russell. Vuillier eut le courage de faire consciencieusement le voyage à petites étapes, couchant dans les villages. Il y fut horriblement empunaisé.

En 1888 : Maurice Gratiot, *Deux parisiens dans le val d'Andorre, souvenir d'un voyage aux Pyrénées* (Paris, 1890, in-12 de 151 p.). Perpignan, Saldeu, Andorra, port de Rat, Aulus.

L'Andorre bat son plein.

Cependant Schrader qui bientôt va nous donner la carte de l'Andorre, n'a pas voulu écrire sur ses montagnes à formes mousses. C'est qu'il ne faut pas les voir quand on vient des Pyrénées centrales. (Les Pyrénées devraient être visitées Est-Ouest, en partant de la Méditerranée : alors on ne laisserait pas tomber, comme on le fait d'habitude, une moitié orientale de la chaîne, qui est toute en grandes montagnes !) Tonnellé déjà avait marqué qu'il ne faut pas voir la Catalogne après l'Aragon. Et Tissandier pensera qu'il ne faut pas voir l'Andorre en venant de Catalogne : l'Andorre est un morceau de début.

Comme disent les gens de théâtre : l'Andorre est un « faux bon rôle ».

XXIV.

TROIS MILLE CINQ CENTS KILOMÈTRES
ET NEUF MILLE VISÉES.

Voici dix ans que Saint-Saud navigue, bourlingue dans la montagne espagnole, et il n'en connaît pas encore le morceau capital. En juillet 1888, parti d'Ustou (récit dans

l'*Annuaire)* par un temps horrible — cela change, temps
de neige au 17 juillet — faisant toujours surgir comme à la
baguette des montagnes nouvelles (massif espagnol d'Ustou,
tossal de Ventolao, 2845), et passant à Tabescan, Tirvia, —
stationnant et visant à force entre Pallaresa et Ribagorzana
(pic d'Ordossa, de nouveau le signal d'El Orri ou Torre de
Rubio, etc., etc.), temps amélioré — le 23, enfin, à Pont de
Suert il traverse la Ribagorzana et tout joyeux salue la
terre aragonaise ! Il vient tomber à Bonansa, et de là monte
à Venasque, à l'hôtel de Mariano, et passe à Luchon :
continue désormais en simple amateur, fait connaissance
du Néthou (vue admirable, toutes les cimes espagnoles
rapetissées mais admirablement disciplinées ; le Montserrat
se distingue nettement), couche à l'hospice espagnol, monte
le Posets par temps merveilleux (crête terminale mauvaise,
elle n'en a cependant pas la réputation), descend à Plan
(punaises, prix élevés : cela va de pair souvent), poursuit
sur Saravillo, Badain, Escalone, et à Vio — trente ans
après Tonnellé, dix après Lequeutre — est empoigné par
cette merveille pyrénéenne, le cañon de Añisclo, la vallée
de Niselo. De nulle part elle n'est si belle , dit son guide Pujo.
Néanmoins, Saint-Saud tient à en explorer le fond : au bout
de deux heures d'exploration, « sachant à quoi s'en tenir »,
il prie Pujo de le faire sortir.... (Maintenant la forêt de
Niselo est vulgarisée, et fréquentée par des touristes chasseurs ; même par une chasseresse, Paola Marié, qui créa
Clairette dans la *Fille de Madame Angot....*)

Et après avoir couché à Sarvisé — chez D. Blas Ballerin
— rentrée le 1er août à Gavarnie, où arrivent Russell, Brulle
et Bazillac, Lourde, de Monts : « journées charmantes ».
Visite « au plus aimable des montagnards pyrénéens, dans
un de ses abris fameux du Vignemale »....

Saint-Saud a fini. (Il ajoutera en 1890 une petite course
en post-scriptum, *Aux rives des Nogueras,* arrivant cette

fois par l'Espagne en chemin de fer: Lérida, Balaguer, le défilé de Terradets dans le Monsech, Tremp, etc. (*Bulletin du Sud-Ouest.*) Il a toute prête une *Note sur les stations géodésiques espagnoles de premier ordre* (Toulouse, Privat).

Il a apporté ce qu'il intitulera modestement dans un résumé sa *Contribution à la carte des Pyrénées espagnoles* (publication à Toulouse dans un périodique nouveau, la *Revue des Pyrénées*, avec six cartes donnant tous les itinéraires, et bibliographie des dix-huit articles composant le récit): deux cents jours de voyage, cent quarante-cinq stations, trois mille cinq cents kilomètres (les deux tiers à pied, un tiers à mulet) et près de neuf mille visées. Six mille points déterminés, dont six cents principaux: un torrent de noms espagnols déversés dans le pyrénéisme. (Chose curieuse, Saint-Saud n'avait fait ni le Turbon, ni le Cotieilla!)

Extraordinaire voyage en Espagne, raconté simplement et très net. Bien dur à faire, unique à avoir fait!

Malgré les vicissitudes de cette longue exploration mi-partie punaises et jotas, le dernier mot de Saint-Saud est d'éloge sans réserve et de reconnaissance pour l'habitant des Pyrénées espagnoles, à l'esprit ouvert, vif, intelligent, plus instruit qu'on ne le croit, sachant d'instinct lire une carte: « bonté, amabilité, générosité, franchise, honnêteté, fierté native, acceptation résignée des choses, tels sont les principaux traits de son caractère.... »

Exploration capitale.

Relation ingrate au premier aspect, ardue certes, puis peu à peu curieuse, attachante, pénétrante, pour qui est pyrénéiste. Comme elle est *sui generis!* comme elle fait odeur d'Espagne! Mer de sierras! Avalanche de noms! Agrandissement immense des Pyrénées!

Mises en œuvre par le commandant Prudent, les visées de Saint-Saud et ses six feuilles d'itinéraires assemblées

(*Jaca, Huesca, Benabarre, Monzon, Andorra, Seu
d'Urgel* au 200,000ᵉ), vont aider à parfaire un document
précieux : la *Carte des Pyrénées* au 500,000ᵉ du dépôt des
fortifications, et un autre, le 800,000ᵉ de Schrader.

S'ils revenaient, quelle joie pour Junker et les officiers
de la commission de 1784 ! Et pour Corabœuf et Testu !
débrouiller cette tempête de pics vue du Crabère, du Montcalm, de la Serrère, du pic oriental du Col Rouge (le voisin du
Carlitte) : ce *pic du Col de Jau* (puig d'Alp), cette *montagne
de Maringes* (Campcardos), ce *pic de Rious* (signal de
Montarto)! Et pour Peytier et Hossard, qui visèrent l'Araxa-
Mendi, la *Nava d'Arraco* (la Forca d'Alano), l'Idoya, *le pic
à l'Ouest du lac d'Estaens* (Bisouri), la *montagne d'Aralar*
(Oroël?), le *pic entre Canfranc et Sallent* (Collarada),
las Arollas (Arualas), le *pic à l'Est de Panticosa,* (Tendénère), l'Otal, le *San Victoriano* (Peña Montañesa), le *pic
près de Saravillo* (Cotieilla), le *pic au Sud-Est de Venasque*
(Gallinero), et le Turbon! Ils avaient eu le temps de regarder
l'Espagne, les géodésiens ! Et à travers le temps ils donnent
ici la main à Saint-Saud, à Schrader et à Wallon puisque
leurs points géodésiques ont servi à ceux-ci de points de
rattachement !

Comme Saint-Saud termine, Schrader termine aussi et
arrive à la Méditerranée, reprenant la plume pour décrire
le Chaînon des Albères (dans l'*Annuaire*).

Et Gourdon en 1888, donne au *Bulletin Ramond* un
article, la fusée d'adieu des Pyrénées espagnoles : *Autour
du Turbon :* région peu connue encore, et où, dit-il, la carte
de Schrader est à corriger. Castejon, la fameuse gorge de
l'Essera — *garganta d'El Run* — et le défilé *d'Agua Salent*
(trop peu visités par les touristes qui séjournent à Luchon ;
Lequeutre a dû passer par là, car son *Joanne* de 1886
décrit la « magnifique excursion, très recommandée »,

Luchon-Huesca par Castejon, garganta d'El Run, Agua
Salent, Campo, Sierra Ferrera, collada de Foradada, Guaso
(d'ici sur Rodellar et Huesca), et de Campo à Barbastro par
Morillo de Llena, Santa-Liestra, Graus, la Puebla de Castro.
Ce sont là de très belles pages). Gourdon explore de près
la région de Campo, Morillo de Llena, les rives de l'Isabena,
les défilés, Villacarli.

Et la découverte des Pyrénées finit sur un petit pic et un
grand nom : — le Cervin ! *(Tosal de Cervin*, ce Cervin-ci
est de 1696 mètres).

Les Pyrénées espagnoles ont cessé d'être une « terra
incognita » en pleine Europe.

XXV.

SOUVENIRS D'UN MONTAGNARD, SECONDE ÉDITION.

Russell est inquiet.

Dans ses conquêtes il ne s'est jamais avisé de faire un
triage pour mettre à part les pics espagnols ; versant Nord
et versant Sud lui furent un seul bloc : les Pyrénées. Or
voici que les Pyrénées espagnoles, qui jadis n'étaient rien,
arrivent à être tout. Depuis le triumvirat Lequeutre-Wallon-
Schrader et l'Annuaire du Club Alpin il n'y en a plus que
pour elles : c'est le morceau resplendissant, exclusif, la
seule terre où se cueille la gloire.

Eh bien alors ! et ses anciennes explorations en Espagne ?
celles de son ami Packe ? vont-elles être oubliées ?

Il saisit l'occasion : les cartes de Wallon et de Schrader
paraissent, et le volume de Gourdon *A travers l'Aran*.
Il tient à les louer lui-même *(Bulletin Ramond)* dans
une *Étude sur les explorations récentes des Pyrénées
espagnoles*.

Dès ce simple mot, *récentes*, ouvrez l'œil, et poursuivez

en lisant soigneusement entre les lignes : vous êtes sur un document essentiel, de haute diplomatie, une revendication de priorité sur les Pyrénées espagnoles. Il y faut le doigté fin, et ménager toutes les susceptibilités. Russell, prenant son air malicioso-naïf, amène doucement, en piquante humilité, tout ce qu'il a à dire. La scène est délicieusement filée, toute dans ce mouvement : Ah mon Dieu ! comme le temps passe ! Comme le versant espagnol était inconnu *en 1863*, lorsque parti seul de l'hospice de Viella pour Vénasque croyant avoir à faire vingt kilomètres, j'appris à mes dépens qu'il y en avait soixante !... Ah comme tout change ! les admirables cartes de Schrader et Wallon ! Avant il n'y en avait qu'une, celle de Packe, *1866*.... Evidemment elle devait être imparfaite. Mais elle était une révélation : Schrader l'a beaucoup perfectionnée.... Des chefs-d'œuvre, ces nouvelles cartes, des chefs-d'œuvre ! Sans doute bien des années avant les découvertes récentes, « avant l'apparition de ces Messieurs sur l'horizon pyrénéen », les géants de la chaîne espagnole avaient été gravis : nous avions fait capituler depuis longtemps presque toutes les cimes aragonaises de premier ordre.... Mais avec les splendides cartes actuelles comme les touristes vont être heureux ! tout va leur devenir facile : il n'y a plus moyen de se tromper. Tandis que nous autres nous nous trompions tout le temps : je me trompai en 1865 au Cotieilla, c'est en me trompant que je conquis par erreur le Petit-Néthou, je me trompai au Posets.... Non ! décidément c'est une chose admirable, la cartographie ! je n'en avais aucune idée ; voué depuis 1858 à la conquête stérile des pics les plus élevés, je me trouvai, lorsque Schrader et Wallon arrivèrent en Espagne, *dans la triste et bizarre position d'un aliéné qui aurait gravi tous les monuments d'une capitale sans en explorer les rues, les places et les musées.* « Je m'aperçus qu'après avoir si souvent vu d'en haut à des milliers de mètres de profondeur tous les torrents, tous les villages et toutes les gorges de l'Aragon, je les connaissais moins que les faubourgs de Calcutta et de Pékin : mon inutilité me fit rougir quand j'eus connu Schrader et je compris que l'acrobate devait céder la place aux hommes pratiques et le rêveur au géomètre.... »

Et sur ce *meâ culpâ* de triomphe, ayant insinué tout ce qu'il avait à placer : *adsum qui feci* (ces pics, c'est moi qui les ai « faits », et il les nomme), il épand largement l'eau bénite sur les confrères de la Pléiade : le monument de Wallon, le prodige de Schrader, les photographies rapportées du pays du mystère par Belloc et Gourdon, les descriptions irréprochables du guide Joanne où se devinent partout l'âme et la plume du modeste Lequeutre, les calculs du commandant Prudent, les pages brillantes de Saint-Saud et sa tâche ingrate dans les sierras. Mais surtout les cartes ! les cartes ! Voilà les pics aragonais disciplinés comme une armée. Il ne peuvent plus changer de place. Ils sont paralysés : défense de bouger. Fixe !...

Au fond Russell est parfaitement impénitent, sceptique sur ses successeurs, poète troublé et presque scandalisé par le positivisme expéditif des trigonomètres : ces orographes, ces machines qui liquident un tour d'horizon en une heure ne lui disent rien qui vaille, il décoche quelques traits à la science, même un à Schrader qu'il appelle « le roi des rectificateurs » (vengeance ! Schrader lui a rectifié — en la diminuant — la dimension du grand glacier du Vignemale !). Nullement converti aux pics à l'Est du Néthou — *cette démocratie*, comme il ne cesse de l'appeler — il a une manière à lui de traduire le nom des *Encantados :* « ces monts *qui ont dû être enchantés en apprenant qu'ils allaient tant faire parler d'eux !... »*

Et pirouettant sur ce mot, faisant pointer sa langue (c'est son geste des moments malicieux), il s'en va.

Pas loin ! Il va au meuble où depuis dix ans dort la quasi-totalité de ses *Souvenirs d'un Montagnard* de 1878.

Déjà ce livre ne l'avait point satisfait : les courses présentées chronologiquement, suivant les dates d'ascensions, donc « dans le désordre et l'incohérence », donc livre « sans utilité pratique, sans clarté, contraire à l'esprit français ». Et maintenant il s'y ajoute que la montagne espagnole y est pêle-mêle avec la française. Sa part d'exploration du versant Sud n'y ressort pas : elle est noyée.

Russell prend son livre et le noie : il jette l'édition au Gave.

(Ce fait de *bibliolythie*, ou destruction de livre, constitue les exemplaires sauvés à l'état de « rarissimes » et de volumes bibliophiliquement les plus précieux : la Bibliothèque Nationale en possède un, dans la réserve. Il demeure d'ailleurs possible de reconstituer à peu près les *Souvenirs* dans leur rédaction première, en lisant les articles du *Bulletin Ramond* et de l'*Annuaire,* qui en furent les éléments.)

Reprenant ses textes, il les martèle encore une fois en un grain plus serré, les découpe, les reclasse par pics, géographiquement, de l'Ouest à l'Est, de la Rhune au Canigou. Puis introduisant dans son livre le contraste extraordinaire qui est dans les Pyrénées elles-mêmes, il présente à part tout ce qui est du versant espagnol. En tête de cette seconde partie — à elle seule un ouvrage indépendant — il met une préface revendicatrice en gros caractères (même appuyée d'un état statistique de ses ascensions en Aragon). Ici plus de feinte humilité, mais — devant cette nécessité affreuse : le partage — une impatience hautaine :

« *Pendant combien d'années, n'ayant pour guide que mon instinct et une boussole, dans le dédale des monts aragonais j'ai erré à l'aventure comme un navigateur perdu sur une mer tumultueuse et glaciale, échouant sur des écueils sauvages et mystérieux et jeté par le vent sur mille plages encore vierges! A Schrader, à Wallon, à Lequeutre, à Gourdon et au comte de Saint-Saud, aidés par les calculs du commandant Prudent, revient l'honneur incontesté d'avoir couronné l'œuvre de leurs prédécesseurs en complétant collectivement l'exploration des Pyrénées aragonaises et catalanes.... Schrader a éclairci une foule de choses en Aragon: comme mon vaillant confrère Wallon le faisait plus à l'Ouest, il a discipliné, triangulé, mis à leur place et mesuré un régiment de pics que je m'étais contenté de gravir!... »*

Et revenant à la charge :

« Je respecte et j'envie ceux pour qui la montagne est autre chose qu'une idole. Je suis jaloux de ceux que la géodésie, l'anatomie des pics et l'éclimètre passionnent autant que la voix des torrents, la pourpre des précipices et l'incendie des neiges au coucher du soleil. Mais à chacun son rôle. Le mien fut de marcher et de sentir!... »

A la fin de 1887 — un siècle juste après l'arrivée de Ramond aux Pyrénées — le livre est prêt.

Souvenirs d'un Montagnard, 1858-1888, par le comte Henry Russell, membre des Sociétés géographique et géologique de France, des Clubs Alpins de France et d'Angleterre, etc... Mirabilis in altis Dominus, Pau, imprimerie Vignancour, in-8° de xx et 508 pages.

Russell est inquiet.

Sa réclamation sur l'Espagne formulée, ce grand éclat fait, il est rentré dans son caractère normal, si doux, presque craintif. Au moment de lancer son livre, de l'expliquer dans une très brève préface d'ensemble, la peur le prend. Il a voulu faire de ses souvenirs un petit livre pratique, un *guide* (à vendre tout relié en toile bleue ou rouge, et marqué *cinq francs)* et en même temps une *explication* de sa

passion si forte pour la montagne, une *justification* ou tout
au moins une *excuse* de sa vie « si excentrique » ; en somme
une *autobiographie* (une autobiographie-revendication, ne
nous y trompons pas). Mais c'est si difficile à réussir, les
autobiographies ! S'il allait endormir ses lecteurs au lieu de
les distraire ? Eh bien il serait « pardonné » par ses amis.
Pire : s'il allait ne pas trouver de lecteurs ?...

Mais au fait, il est toujours sûr d'en avoir un : lui-même.
Cela peut suffire. Immédiatement il se redresse. « *Il me
restera la douce perspective de consoler plus tard ou de
poétiser mes derniers jours en relisant moi-même au coin
du feu, quand je ne pourrai plus marcher, l'histoire des
émotions et des jouissances qui ont déjà charmé les deux
tiers de ma vie. J'imiterai humblement le soleil, qui se
dore et s'embrase vers le soir, en regardant, au moment
de s'éteindre, les horizons lointains, ardents et purs où il
a commencé sa carrière.* »

Ces *Souvenirs*, non pas nouvelle édition, mais nouveau
livre, et très grand livre.

Les *Observations* à une extrémité de la chaîne séculaire
des livres pyrénéistes, et à l'autre, leur répondant après cent
ans, les *Souvenirs :* le voilà, le vrai et l'admirable centenaire de Ramond !

XXVI.

LES PYRÉNÉES GRANDIES.

Tout pesé, la nouvelle coupe des *Souvenirs* est la bonne.
Livre où se fondent en un ensemble homogène les trois
manières successives du montagnard : la fougueuse, la posée,
l'exaltée. Ici l'explorateur prime le dompteur de pics, et
l'écrivain prime tout.

Livre « pratique », c'est entendu : *guide* à la rigueur,
mais plutôt paraphrase des guides à l'usage de ceux qui ont
fait les grandes courses : c'est le pain des forts. — Et aussi,
cours de haute école : l'art d'équiter la montagne élégamment,
en beau cavalier qui fait la difficulté sans qu'il y paraisse,
et débarrasse le récit des menus faits personnels et des
misérables contingences dont les ascensionnistes du commun
ont l'habitude de l'encombrer. Russell — qui évidemment
s'est quelquefois mis en de mauvais cas — dès son début a
eu le pressentiment que ce qui était difficulté pour sa
génération ne serait rien pour la suivante. Il n'a pas appuyé.
Et dès lors son livre ne *date* point et ne vieillira pas.

Autobiographie qui, classant la vie du prestigieux montagnard en ordre géographique, donne à sa carrière un but
défini et nous montre l'action de Russell aux Pyrénées et
son action sur les Pyrénées.

L'action de Russell aux Pyrénées : nullement excentrique,
très logique. Nous l'avons définie : prendre les choses où les
avait laissées Chausenque et pousser tout en haut, sans
descendre. Donc, ne pas s'attarder sur les demi-sommets,
de la Rhune au pic d'Anie, pas même sur le pic d'Ossau
« plus facile qu'on ne le pense » ; mais de l'Arriel comme
marche-pied, sauter sur les plus hautes Pyrénées, se prendre
corps à corps avec le Balaïtous, passer sur la Fache,
s'acharner sur le Vignemale, reconnaître la région d'Ardiden-
Malerouge, détailler le haut pourtour du cirque de Gavarnie,
le groupe Cambieil-Néouvielle, passer sur la Munia, inventer
les hautes montagnes d'Aure et Louron, prendre par la
première ascension du pic des Hermittans (un des plus beaux
pics de Russell, c'est une montagne-clef) possession de la
capitale région des Gourgs-Blancs, séjourner dans le haut
des cirques luchonnais. A partir de là, ne plus se commettre
qu'avec quelques pics décisifs de la chaîne orientale, tels
que la Pique d'Estats ou le Carlitte, et consoler le Canigou

par quelques jolies paroles comme il sait en dire. Revenir sur l'Espagne, y saisir magnifiquement les clés orographiques de l'Aragon (Bisouri, Collarada, pic d'Enfer, etc.), compléter le Mont-Perdu par la conquête du Cylindre, opposer aux vallées d'Arrasas et de Niscle un refus absolu et étrange (à tel point que pour la vallée d'Arrasas il ne voudra pas en parler lui-même et empruntera à un chasseur anglais de ses amis quelques pages sur les bouquetins, auxquelles il fera les honneurs d'un gros texte !), révéler le Suelsa et le Cotieilla, explorer et glorifier l'Eristé-Posets, vivre avec amour dans les fonds grandioses du Posets, de Litayrolles et Ramougne, et de la Maladetta, prendre en main les Monts-Maudits, les remanier, les développer, les exhausser, les modeler morceau par morceau, créer le col Maudit et la crête des Tempêtes (son chef-d'œuvre) et terminer superbement au pic Russell par un refus dédaigneux sur tout le reste. Bien nommé, ce pic suprême, ce « cap Horn dans les airs », face à l'Est, regardant de haut cinquante lieues de montagnes jusqu'à la Méditerranée, auxquelles il dit : vous n'êtes qu'une houle ! C'est bien Russell.

L'action de Russell sur les Pyrénées. Il les a renouvelées et transformées, l'intérêt passant aux parties les plus glacées, les plus brûlantes, les plus perdues. Les Pyrénées ne sont pas les mêmes après lui qu'avant lui.

Ceci est le point essentiel. Nous sommes loin du temps où tout se résumait dans ce but : faire la première ascension de pics de « trois mille » !

En effet : les *Souvenirs*, livre de revendication ; état de parts de prises de Russell dans la capture des Pyrénées. Or, pourquoi Russell, dans la liste qu'il dresse des montagnes domptées par lui en Aragon, fait-il figurer des pics depuis longtemps conquis par d'autres : le Mont-Perdu, le Posets, le Néthou lui-même ? Pourquoi dit-il, non pas *l'histoire de mes ascensions*, mais *l'histoire de mes explorations* ?

C'est que le fait brutal de la « première ascension », c'est que la pointe du pic, sauf de rares occasions, n'est que secondaire. C'est que la montagne a son *cedant arma togæ*; traduisez : le bâton ferré ne vaut que par la plume. (Ou sinon Balmat l'emporte sur Saussure et Rondo sur Ramond, Gaspard sur tous les alpinistes du Dauphiné et les Passet sur tous les pyrénéistes.) Tout est dans la mise en valeur.

A ne parler que bâton ferré, Russell a trouvé faits les pics capitaux des Pyrénées, il y a ajouté beaucoup et il a refusé d'y ajouter davantage.

A parler plume, ce sont toutes les ascensions de Russell qui sont des « premières ».

C'est qu'il a puissante la faculté de renouvellement. *Et renovabis faciem Terræ*. Toute montagne sur laquelle il passe est transfigurée. Nulle part il n'est plus maître que sur les pics déjà faits : le Balaïtous, dramatisé par lui de façon indélébile, le Vignemale (c'est tout dire), le cirque de Gavarnie mis au point par la révélation de ses formidables dimensions, le Mont-Perdu, la Munia exaltée d'un mot, le Posets (que pèse ici Halkett avec la première ascension, à côté de Russell ?). Nulle part plus nouveau que sur le plus banal des grands pics, le Néthou : chaque fois qu'il y monte il lui redonne des allures inattendues et vierges. Nulle part plus puissant que sur des pics de moins de trois mille : Bisouri, Collarada, Cotieilla. Nulle part plus découvreur que dans les régions déjà foulées par l'homme : cirque d'Yp, lac Millar, lac Gregonio. Nulle part plus élevé que dans les vallées profondes qui rayonnent du Posets et des Monts-Maudits : dans ces solitudes sauvages Russell a semé son âme, quiconque y viendra l'y rencontrera.

Ceci est le fait d'un grand poète. Les *Souvenirs :* livre de grand écrivain français.

D'un grand écrivain, fils à la fois de Chateaubriand.... et

de Chausenque ! Chateaubriand lui a transmis le don d'écrire, Chausenque ne l'avait pas. Chausenque lui a légué l'émotion devant la montagne, Chateaubriand ne la sentait pas.

Mais ce que Russell a refusé de se laisser inoculer par Chateaubriand, c'est le « mal de René ». Il en est l'antipode, bien plus, le remède. Rien de moins « vague à l'âme » que lui, rien de plus robuste et sain. Sa recette ? la montagne. Les *Souvenirs* — ce livre d'amour — un codex !

Bréviaire du pyrénéiste, auquel on revient sans jamais se lasser, à ouvrir à n'importe laquelle de ses cinq cents pages ; toujours vous tomberez sur un « morceau » (Russell est un écrivain serré et de très beau *métier)* : un torrent, une cascade, un sommet, des bruits lointains qui montent, un oiseau, une fleur, un lac qui sommeille, un chaos, une crête, un glacier qui gémit, la neige, le vent, un ouragan, la POÉSIE DE LA DÉSOLATION, des sapins, une aurore, un coucher de soleil, un lever de lune, une nuit.... Oh, les nuits en montagne de Russell, les nuits « calmes et merveilleuses » sous le ciel d'Espagne ! Oh la volupté de vivre !

Et si vous le prenez par des ensembles ! les soixante-quinze pages du Vignemale, un poème dans le poème, soutenu, sans une défaillance, un répertoire de sensations. Et toute la partie de l'Espagne, morceau d'une saveur de feu.... Une merveille !

Livre dont des fragments décisifs devront prendre place dans les anthologies.

Livre que les Alpes peuvent envier aux Pyrénées ! Les Alpes ont été jalouses : les Pyrénées ayant les *Souvenirs d'un Montagnard*, elles ont voulu avoir les *Souvenirs d'un Alpiniste,* de Javelle : livre admirable, — mais plutôt amorce d'un livre, fragments grandioses d'un monument inachevé (Javelle — le Tonnellé des Alpes — a été emporté jeune). Le monument pyrénéiste de Russell est complet.

Russell a grandi les Pyrénées de mille mètres. Mais il ne les a pas exagérées, il les a senties. En sincérité absolue, avec la poésie de son âme et un ferme sentiment religieux, il a vu leurs plus hautes régions s'animer, frissonner, palpiter. Il a dégagé l'âme obscure des pics. Et après tout : oui, il a ajouté aux Pyrénées ! Un élément singulier, pénétrant, ensorcelant : il leur a ajouté Russell. La donnée célèbre de Ramond : *les montagnes de premier ordre présentent le plus de climats dans le moindre temps*, il l'a reprise avec son expérience de voyageur et superbement développée, retrouvant dans les Pyrénées des coins de parcs anglais et des fragments d'Alpes à côté de morceaux de Mongolie et de parcelles de Canada voisinant avec des échappées d'Altaï; des réminiscences d'Himalaya ; le vent de Patagonie passant sur des blancheurs sibériennes. Du haut de sites « extra-polaires » il a vu au Sud un océan de plaines flamboyer sous un soleil nubien....

Dire qu'il les a grandies de mille mètres n'est pas juste. Il les a grandies indéfiniment : il les a élevées à l'honneur de figurer la haute montagne en soi, d'être la Montagne.

LE PYRÉNÉISME ALPINISTE.

I.

LE SPORT.

Répercussion des Alpes sur les Pyrénées.

L'agrandissement des Pyrénées, non point fait factice ou tour de force d'écrivain. Fait réel, résultat d'explorations à fond, en largeur et en hauteur. Fait de deux générations, non du seul Russell.

D'autres aussi ont voulu grandir les Pyrénées de mille mètres, les égaler aux Alpes. En y pratiquant l'alpinisme....

Ah ! Ah ! l'alpinisme ! « le plus beau des sports » ! ascensions épileptiques ! gymnasiarques ! *gymnasts !* acrobates ! ennuyeux ! empoisonnement d'un fatras d'escalades ! toujours les mêmes au détail : le départ à la lanterne, la forme du piolet, la corde de Manille ; à sept heures vingt-trois mangé conserve, à dix trente-sept avalé gorgée d'eau-de-vie ! record de la vitesse ! récits secs : font regretter le temps jadis où l'on regardait sans vouloir monter ! aujourd'hui montent sans vouloir voir ! le fameux Coolidge qui fait la seconde de la Meije, mystifié parce qu'il ne fait pas la première, heureux parce qu'il ne fait pas la troisième, et qui arrivé en haut et ayant décroché cette forte timbale, note: « la vue m'importait fort peu ; pas monté pour admirer panorama ». *Le véritable alpiniste grimpe pour grimper*, dit l'annuaire du Club Alpin ! Et aussi pour le dire, dans des récits aussi stériles que les comptes-rendus des courses de chevaux et des parties de foot-ball ! Le *picodrome* ! Toujours l'air de disputer le championnat. Et les coups aussi peu variés que dans la lutte, où quand ce n'est pas le « ramassement de tête à terre » c'est « ceinture devant », à moins que ce ne soit « ceinture derrière » : coup de la cheminée, coup du bergschrund, coup du « pas du chat » ou de la dalle plate, coup (plus estimé) de la dalle verticale (de la dalle en surplomb est mieux). Et le coup le plus récent, qui fait tout pâlir : le coup du « gendarme ». Contourner un gendarme : délice. Les prises sont bonnes. Le clou mord bien. Si ça va mal, si l'angoisse étreint la gorge, on prend la pose et l'on simule le plaisir par un petit rictus du meilleur ton : hi ! hi ! hi ! Le suprême de la littérature alpiniste : un dénombrement de « rétablissements sur les coudes ». Avec ça, pas un alpiniste n'a encore traversé le Niagara sur la corde avec un homme sur le dos ; ni même monté aux tours de Notre-Dame comme madame Saqui. Et les extravagances, les ascensions sans guides, et les bonnes catastrophes laissant le public aussi froid que la chute des jockeys de steeple qui se cassent la tête sur l'obstacle : on fait entrer la civière, on emporte, et la fête continue. Tandis qu'on s'émeut sur un mulet d'alpins tombé au précipice. Mais le mulet, lui, est un soldat....

— Vous êtes dur. C'est fini ? Oui. Eh bien, maintenant, écoutez bien ceci. Gloire aux acrobates ! c'est à eux qu'est due la conquête de la montagne, la conquête pleine et complète, sans tricherie et à fond ! Toutes les montagnes réunies en constituent une seule, la Montagne, dont l'ascension constitue historiquement un seul acte de gymnastique continu (non encore terminé). Une génération n'y suffit pas,

non plus qu'une locomotive à conduire un train à grande
distance. On change d'acrobates ; c'est toujours le même
express. Le renouvellement de l'énergie ! La mise en marche
fut lente, mais le premier qui força sa jambe à dompter un
rocher de cinquante centimètres commença l'acrobatie, le
reste ne fut que question de degré. On est toujours l'acrobate de quelqu'un (même parmi les savants et les poètes) :
on n'eut le pic d'Ossau qu'en y mettant les mains ; le tort de
La Peyrouse fut précisément de ne pas être acrobate ;
Ramond à cheval sur l'arête de glace de Tuquerouye exécute
une acrobatie de premier ordre pour son temps ; Chausenque
franchissant une « pointe de rochers » pour aller à sa seconde
pène du Vignemale fait le « gendarme » sans le savoir ;
Packe enfourchant pour un pavot la taillante de Malibierne
est en position essentielle d'acrobate. D'un autre côté Russell
a dit : « Packe était le savant et je n'étais que l'acrobate... »
Oui, la conquête de la Montagne, un fait de sublime acrobatie ; et le plus sceptique des non-grimpeurs, en voyant un
pic de terrible allure, se sent fier, comme homme, à l'idée
que l'Homme va là-dessus....

Michelet — ce voyant ! — l'a sentie, l'attraction du pic
pour le pic, de *l'impitoyable vierge d'en haut qui provoque
les héros !* Et d'un trait, comme il résume la fameuse
question ! « *La cruelle et l'orgueilleuse qui est en haut de
la montagne, elle aura toujours des amants. Toujours
on voudra monter. Le chasseur dit : C'est pour la proie.
Le grimpeur dit : Pour voir au loin. Le réel dans tous ces
efforts est qu'on monte pour monter. Le sublime, c'est
l'inutile. Le fameux passage par les glaces du Nord, ce
sera toujours l'inutile. L'ascension du Mont-Blanc a été
fort peu utile. Ce que Saussure a cherché vingt-sept ans,
se préparant, tournant autour du Mont-Blanc, ce que
Ramond dix années chercha de même au Mont-Perdu
— c'est surtout d'y avoir monté.* »

Et avant Michelet, dès 1858 Tonnellé — qui n'est point un acrobate — amené sur le Crabioules à un moment d'escalade, y est pris : « on serait déchiré si l'on tombait, mais on n'y songe pas quand on a la tête libre et le pied sûr : on ne fait que *s'enivrer* de la beauté du spectacle, *du sentiment, de la profondeur et de l'attrait de l'abîme* ». Il a senti l'ivresse gymnastique.

Réhabilité, le sport !

(Mais tout de même, monter « pour avoir monté » et trouver là haut la primeur d'un Mont-Blanc ou d'un Mont-Perdu ou la presque primeur d'un Crabioules, c'était le bon temps, et mieux que l'acrobatie pour elle-même sur des morceaux déjà faits, et que se démener sur des arêtes subalternes uniquement pour voir si l'on s'y rompra le cou !)

Tous acrobates, donc ! Mais trois cas : l'acrobate écrit mal, ou écrit bien, ou n'écrit pas.

Il écrit mal ? Ennuyeux ? Alors indéfendable ! il gâche tout ! Molière aujourd'hui eût mis l'alpiniste dans ses *Fâcheux*, entre l'homme au coup de piquet et l'homme au récit de chasse.

Il écrit bien ? Alors, règle de grammaire : *le genre le plus noble l'emporte*. L'acrobate-écrivain n'est plus acrobate, mais écrivain, et sous le talent d'écrire toute l'acrobatie passe. Même la forcenée. Javelle a une page frémissante sur la volupté de l'escalade pure, de la « grande gymnastique aérienne » au-dessus de mille mètres d'abîmes ; et un récit tout puissant de calme et de sérénité sur ce morceau de gymnastique qui a nom l'ascension du Cervin, et un fragment exquis sur les acrobaties sans lesquelles le Rothorn de Zinal ne saurait être obtenu ; Russell une page splendide sur l'escalade de l'arête Ouest du Balaïtous ; Castelnau un procès-verbal de la première de la Meije sublime de laconisme. L'acrobate écrivain trouve à avoir de l'esprit tandis que, balancé sur le vide, il se hale sur un seul poignet coincé

dans une rainure. Tel ce regretté Brault, délicieux de
courage pince-sans-rire et d'acrobatie sceptiquement trans-
cendante dans « le Grépon et ses difficultés ». Le dernier cri !
On n'est pas plus « rétablissement », on n'est pas plus
« cheminée Mummery », on n'est pas plus fils de Voltaire… !

Tant vaut la plume, tant vaut le piolet.

Et ceux qui n'écrivent pas ? Ceux qui, amants puissants
et discrets, caressent la déesse Difficulté et se taisent : faire
sans dire ? Croyez qu'ils sentent. Mais ils ont besoin du
piment du danger….

Aux Pyrénées — où les hommes de sport et de difficulté
n'échappent pas à la grande règle pyrénéiste et sont des
amoureux — voici des figures captivantes.

Centenaire et antithèse.

En 1788, à Barèges, une académie de trois hommes : Saint
Amans, Dusaulx, Pasumot.

En 1888, à Gavarnie, un club alpin de trois hommes : De
Monts, Brulle, Bazillac.

En 1788 les terreurs pour passer un ruisseau, les dangers
horrifiques au Pic du Midi, les renoncements sur la visite au
fond du cirque de Gavarnie (toucher la neige, ah non !) et les
délibérations pour juger si l'entreprise n'est pas dangereuse
et trop osée, d'aller jusqu'à Héas, avec des troupes de
pèlerins (la Coumélie et ses difficultés !).

Dusaulx, vous en souvient-il ?

Eh bien, revenez maintenant !

Et regardez ça :

II.

DE MONTS : ASCENSIONS D'HIVER.

Devant l'hôtel de Gavarnie, un montagnard à barbe noire,
homme jeune, doux, calme, mystérieux, très allant ; la

carrure, l'aspect tranquille et résolu à froid d'un grand guide de Zermatt.

Le comte Roger de Monts.

Nansouty l'appela au Pic du Midi pour fêter le 1er janvier 1876 (nous l'y avons vu avec Gourdon). Point de départ d'une vocation : les ascensions d'hiver (qui n'empêchent pas les ascensions d'été). Luchon d'abord : plusieurs années perdues avant de trouver des guides pour aborder l'hiver la Maladetta. Enfin, le 7 mars 1879, le Néthou, facile, sur la neige dès la sortie de Luchon. Le 23 décembre, le Mont-Perdu par Arrasas avec Haurine et Junté, et le 5 janvier 1880 le Néthou, splendide, un océan de neige aux vagues figées ; et de là Malibierne, le Posets, et le Port d'Oo : aucune difficulté, neige ferme, panorama du Posets immense ; la descente du Port d'Oo sur la neige, grandiose ; une impression de bien-être physique et moral extrême. En rentrant à Luchon : *Quel froid*, dit son guide, *et quelle humidité ! il faisait bien meilleur là-haut !* L'hiver suivant le Mont-Vallier ; puis — toujours en janvier — avec Célestin le Balaïtous par la Bassa, avec Chapelle la Munia. Puis le Néouvielle, et avec Célestin le Cylindre, le Taillon, la Tour....

Dès à présent son impression d'ensemble. Courses d'hiver plus difficiles malgré les descentes plus rapides, sans danger par le beau temps ; par le mauvais le plus petit pic peut devenir terrible (fréquence des catastrophes dans les cols l'hiver) ; ponts de neige difficiles à reconnaître et quelquefois pas solides ; courses plus longues et plus fatigantes, principalement dans les vallées. Verglas rare. Le froid pas à craindre si les extrémités sont bien couvertes. Les Pyrénées l'hiver moins froides que le Mont-Blanc ou le Mont-Rose l'été. Par le beau temps, clémentes même la nuit. Certain soir, sur la terrasse du pic du Midi, il causait avec Vaussenat, admirant la teinte foncée du ciel, la splendeur des étoiles qui semblaient s'en détacher pour venir vers la Terre ; les

interlocuteurs étaient à l'air depuis longtemps et à peine
couverts. Vaussenat fit remarquer le thermomètre : — 15°!

Quant au spectacle vu des grands sommets l'hiver,
merveilleux, surtout dans un champ relativement restreint :
au loin la teinte trop uniforme, plus de plans.

De Monts donc, en jouant la difficulté, ne manque pas
de saisir le paysage rare.

Et au lac d'Oo : *Quelle belle nuit en face de la cascade
entièrement cristallisée, au bruit sourd des eaux gron-
dant renfermées sous la croûte de glace et des éclatantes
détonations de la glace elle-même......*

(Ceci suffit à classer de Monts dans les montagnards qui
sentent. Mais de lui nous aurons mieux.)

III.

BRULLE ET BAZILLAC : LA « DIFFICULTÉ ».

Deux autres, qui n'en font qu'un.

Devant l'hôtel de Gavarnie, toujours : une aimable et sym-
pathique figure de pur français : moustache d'officier, œil
clair : vous jureriez un jeune capitaine d'alpins.
Brulle.
Il ne provient pas de Saint-Cyr, mais de l'école de droit.
Il vient de Libourne en rupture d'affaires. Et ceci l'explique :
homme d'action, cantonné dans l'inaction physique, et qui
se rattrape aux brèves vacances dans l'action intensive.

Et à côté de lui, un garçon pâle, aux traits fins et délicats,
belle barbe châtain, l'air anémique, extrêmement musclé et
vigoureux, de toute première force à l'escrime ; entrain
méridional, très spirituel, de goûts raffinés, et bibliophile.
Montagnard énergique.
Bazillac.

Acrobates? Froissart eût dit : *fleur d'alpinistes montant
sur fleur de pics.*

Henri Brulle, né en 1854 à Libourne, donc gascon, mais
bien juste et à la limite : deux kilomètres plus haut il eut été
trop tard. En fait, antigascon au premier chef : le grand
flegme du Nord. Prédestiné à l'Alpine Club. Pourtant ses
premières amours furent la mer. A vingt ans une ascension
de hasard, le Vignemale, avec un ami (Saint-Saud, nous
avons relevé cette ascension en 1874) le met à la montagne :
il risque la descente par l'itinéraire oublié du prince de la
Moskowa. Alors il se lance dans un pyrénéisme pittoresque
et à la Russell. En 1877, note admirative, au *Bulletin Sud-
Ouest,* sur le pic de Jer près Lourdes. Quoi? cette monta-
gnette pour pèlerins? Parfaitement. Un panorama « vraiment
beau ». Voilà un commencement. Peu après, une première
« tournée » avec Saint-Saud à Néouvielle et Pic Long.
Nouvelle note dans le *Bulletin Sud-Ouest,* enthousiasme
poétique : « Autour de nous (Pic Long) ce ne sont qu'escarpements à donner le vertige, et les blocs de granit que nous
précipitons vont, avec un bruit semblable aux détonations
du tonnerre, et par des bonds immenses, se perdre sur les
glaciers où ils soulèvent des éventails de neige . Que le
temps semble court là-haut à contempler ces sauvages
merveilles, et que l'on plaint ceux qui n'osent y venir par
crainte de dangers presque toujours imaginaires, ou de
quelques fatigues bien vite oubliées.... Le cairn contenait
une quinzaine de noms..... »

En 1878, à Cauterets, Brulle rencontre Jean Bazillac, né à
Mirande en 1856, orphelin, un peu sauvage, ayant pris goût
à la marche pendant son volontariat aux chasseurs à pied.
Ils s'entr'excitent, font campagne au Balaïtous, au pic
d'Enfer, au Mont-Perdu.

Et rapidement une vocation leur vient : la difficulté ; une propension à se blaser, à ne plus aimer que les voluptés aiguës, les voies nouvelles, à n'être plus titillé que par le précipice....

Dans une conversation célèbre, le général Lassalle, à qui Rœderer, à Burgos, demande quel plaisir il peut trouver à aller de Madrid à Paris à cheval, répond : *N'est-ce donc rien que d'être comme cela ?* Et il fait le geste de galoper.

N'est-ce donc rien que d'être comme cela : suspendu sur le vide et ne tenant que par un clou ?

Brulle et Bazillac ! noms maintenant inséparables. Les frères siamois du casse-cou.

Les voilà partis pour la chasse au danger.....

Célèbres tout de suite. Dès 1879 leur fameux Clot de la Hount ouvre le pyrénéisme de difficulté : Brulle, l'écrivain de l'association, rend compte dans l'Annuaire du Club Alpin. Manière très sobre. Style de soldat.

En 1880, Ger, Ossau, Cambalès et *tentative* au Pallas *(Annuaire).* Le Pallas, pic tentant parce que récalcitrant. Russell, pour l'avoir pris trop tôt (en avril) l'a manqué, à un jet de pierre du sommet. Brulle, après une reptation savante sur la paroi Sud, doit renoncer.

En 1881, grande campagne d'une rapidité prodigieuse, (sans en écrire mot) : de la Fourcanade à Gavarnie, en quatorze jours deux douzaines de grands pics. Tous les trois mille connus y passent, même quelques autres. Notamment, première d'un point sans nom, 3130, entre le portillon et le port d'Oo. Première du pic du port d'Oo (l'ascension par Lézat étant très douteuse). Première de la pointe occidentale 3080 de l'Astazou. Première de la pointe 3033 du Gabiétou.

Pour finir, corser le programme du cirque de Gavarnie d'un numéro sensationnel. *Le tour du Cirque par les gradins!* montée du côté Sarradets, descente du côté Astazou : couper la grande arête du Marboré au-dessous de la « brèche des Druides » où a échoué Russell.

1882. Seize grands pics, du Canigou au Vignemale (avec Célestin toujours). La Coma-Pedrosa, par Arinsall (belle vue, rien pour le sport), le Néthou par la cheminée Sud, le pic du Milieu (moins la pierre terminale : notez cette pierre), etc.

Sur leur chemin, les deux silencieux enlèvent un morceau de premier ordre : la pointe terminale du Comolo-Forno. En partant de Caldas de Bohi. Au sommet de Lequeutre trouvé sa pyramide ; de là au vrai pic, une heure, et une heure jusqu'à une autre pointe à peu près égale et « très intéressante » : la dalle! la dalle en surplomb, l'idéal! emploi de la corde ; il faut se laisser pendre à bout de bras, cheminer plusieurs mètres à la force des poignets. C'est un passage « curieux ». (Remarquez que la « difficulté », ici, étant inévitable est légitime.)

Autre pic. Dans le brouillard, sans difficulté, première de « la Belle-Sayette ». C'est-à-dire, du Hourgade.

[1883. Le rêve! présentation aux Alpes! Brillante campagne en Oisans, avec Célestin et, bien entendu, les Gaspard (brèves notes dans le *Bulletin Sud-Ouest*). Entraînement sur le Plaret où Cordier trouva la mort. La cinquième de la Meije: attention! la « première en un jour. » (Du Chatelleret au Chatelleret.) La préméditation de cette performance les grise. « Nous n'en dormîmes pas de joie. » (C'est une grande journée de Brulle et Bazillac. Comme ils ont dû souvent pleurer, d'être venus, taillés comme ils l'étaient, si tard dans l'alpinisme épuisé!) Ascension faite sans peine excessive ; grâce à l'habitude pyrénéenne du rocher. Les Ecrins: la quasi catastrophe, toute la cordée filant de trois ou quatre cents mètres sur la glace, une crevasse au bout: on se rattrape juste devant, par miracle. Une pointe d'une des Aiguilles d'Arve. Le Mont-Blanc par mauvais temps, donc

dur et dangereux. « Messieurs, nous allons peut-être périr, »
annonce très tranquillement le guide Couttet....

Rentrée très fière de Célestin à Gavarnie. Il sent très bien
qu'il vient de recevoir l'ordination.]

En 1884, pas de Bazillac. Brulle seul aux Pyrénées. C'est
le moment d'exécuter certain projet. Son fameux Vignemale
sans guide. Russell ayant écrit que « jamais un montagnard
n'acquerra la qualité maîtresse, la confiance en soi-même
s'il ne s'est trouvé seul dans le brouillard, la neige, la
tempête, et au beau milieu des précipices : *c'est un bonheur
d'être deux, c'est une leçon d'être seul* », Brulle tient à se
donner une leçon. — Il va l'avoir. — Parti des Oulettes de
Gaube à cinq heures du matin malgré le temps menaçant,
— mais c'est une ascension conclue avec lui-même à jour
fixe — assailli dans les éboulis du Cerbillonas par deux
orages, dans les grands couloirs glacés par un ouragan de
grêle, trop engagé pour pouvoir rétrograder, arrivant dans
le brouillard sur la crête, n'y voyant pas à deux mètres,
errant à l'aventure, descendant, remontant, côtoyant des
précipices, se trouvant au sommet d'un pic quelconque,
Cerbillonas ou Clot de la Hount, à une heure de l'après-midi ;
là, pris par la plus terrible des tempêtes de grêle, *pendant
trois heures* immobile dans son plaid, sous les coups,
écrasé par la grêle, aveuglé par les éclairs, cerné par la
foudre, faisant feu Saint-Elme jusque par le bouchon de
métal de sa gourde, (son piolet caché à distance sous des
pierres), grelottant, demi enseveli sous un mètre de
grêlons, comptant les secondes qu'il croit avoir encore à
vivre et déjà guetté par les vautours qui viennent presque le
tâter, — et quand à quatre heures l'orage cesse, ayant pis :
la tourmente de neige épaisse, tourbillonnante, décou-
rageante ; — subitement, par une miraculeuse éclaircie et
l'apparition superbe de la Pique-Longue, passant à l'enchantement et l'oubli des misères, courant à la villa Russell,

gîte prévu pour la nuit, — la trouvant, avec un serrement
de cœur, à moitié comblée de glace! et y ramassant un
bout de bougie: « en montagne il ne faut rien laisser
perdre » ; — alors, « pour se donner le temps de la réflexion
escaladant la Pique-Longue » (ciel sublime), si fier de son
succès « qu'il aurait donné ses quelques cent autres ascensions
pour cette seule journée au milieu des neiges et des précipices du Vignemale » ; puis reprenant les terribles réalités,
la descente égarée dans le dédale des crevasses d'Ossoue
avec les hallucinations de la fatigue, presque la chute dans
l'une d'elles, une jambe dedans, l'autre tremblant sur le
bord (il la calme par une objurgation véhémente) et le
piolet manquant d'échapper; enfin pris par la nuit au val
d'Ossoue, se tirant d'affaire avec son bout de bougie de la
villa Russell, tombant de sommeil, arrivant à onze heures à
Gavarnie, se réconfortant, et une heure après ravi de sa
journée, rêvant dans un bon lit à de nouvelles aventures....

[Parallélisme frappant de ce « seul au Vignemale » avec
le « seul au Mont-Perdu » de Russell. Parallélisme de récit
(*Une ascension sans guide*, dans le *Bulletin Sud-Ouest*),
même coupe et forme russellienne, y compris les : *C'est une
émotion à la fois poignante et délicieuse que de se trouver
pour la première fois seul, avec bien des hasards en
perspective, au milieu des rochers, des sapins et des
torrents. Ce-soir là tout était triste dans la nature et par
suite dans mon âme...*, etc. Huit pages. Plus tard, longtemps après, sera ramené à la forme Brulle: huit lignes, sur
le ton détaché. — Mais on ne connaît pas Brulle si on ne l'a
lu en entier, si sous sa cuirasse d'alpinisme on n'a senti
battre son cœur de pyrénéiste; si l'on n'a suivi la lutte qui
va se livrer en lui entre le charme français et le *stiff* anglais.]

Et huit jours après ayant entamé avec Célestin une
campagne de vingt pics et revenant de la Fache, de la
Frondella et du Balaïtous.... (remarquez que ce train d'enfer

n'est pas particulier à Brulle, c'est le train normal maintenant, celui de tous les touristes de sommets ; c'est l'entraînement général, c'est le mouvement final de la montagne se précipitant vers la péroraison ; c'est la strette, le prestissimo) ...... il est sur le Vignemale où il pense se casser le cou dans une tentative par l'arête frontière entre la vallée des Oulettes et le Clot de la Hount. De là, pics de la vallée d'Aure et spectre du Brocken, et (avec le comte de Champeaux, jeune et déjà brillant alpiniste) séjour « charmant » dans les montagnes de Luchon, et l'ascension nouvelle du pic « très original » du Portillon d'Oo, et le 4 août retour de Luchon à Gavarnie en une étape par les trois cols de Peyresourde, Azet, Cambieil (une des plus fortes marches qu'on puisse exécuter), et le 6 le Casque et Mont-Perdu, où pendant un quart d'heure il est sur le point d'être arrêté et même fusillé par des carabiniers qui sont peut-être des brigands, et le 7 une visite à la crête de Troumouse et ses pics Gerbats, Troumouse, Serre-Mourène, Munia, « et au sanctuaire vénéré d'Héas où l'accueil est si bon, et le 8 montée au Vignemale (ici la rencontre de Bartoli qui descend) pour visite à Russell qui lui fait les honneurs de sa montagne (au « bon M. Brulle »). « Descendant à minuit par un clair de lune splendide du pic de Cerbillona, 3246 mètres, avec quel plaisir nous nous promenions en causant sur le glacier, comme d'autres font sur le boulevard en sortant de l'Opéra.... »

Le voilà toujours, le Brulle qui se livre encore. Mais d'autres régions l'appellent. *Paula majora*......

[1885. Grande campagne aux Alpes avec de Champeaux : les Alpes traitées comme les Pyénées, de pic en pic, avec bivouacs. *(Dans les Alpes*, dans le *Bulletin Sud-Ouest*, forme définitive de Brulle, notes courtes, « pièces brèves » comme disent les musiciens. D'un tour particulier.) La Méridionale d'Arve (couloir terrible, les ascensionnistes sont le nez dans le.... dos les uns des autres ; au sommet *vue admirable* : Brulle est sensible aux belles vues). Dent Parrachée, Grande Casse, Grand Paradis, Mont-Blanc. « Tentative » au Cervin (tentative ! à cinq minutes du sommet une saute de temps : Gaspard donne l'ordre de retraite, sans réplique). Tentative au Dru, manqué par indisposition d'un guide en pleine ascension. Reprise du Dru (celui de Chamounix, le plus dru des Drus) sa quatrième ascension, en une seule étape de vingt-cinq heures : Brulle, Champeaux et Simond, avec Gaspard (« on se glisse en faisant des contorsions à la façon des singes ; quatre heures de cet exercice ; la descente beaucoup plus difficile »). Bazillac arrive : reprise du Cervin, sans difficulté, il a des câbles : « *la Compagnie a passé par là, comme penserait Tartarin* » ; la Dent Blanche.... Et en 1886, tandis que Bazillac chasse l'isard à Gavarnie, Brulle avec de Champeaux continue la promenade gigantesque d'*Alpes en Alpes (Bulletin Sud-Ouest)* jusqu'aux fameuses dolomites, Jungfrau, Monch, Finsteraarhorn, Bernina, Gross-Glockner, Cimon della Pala, Cima della Madonna.... Des « difficultés » tant qu'on en veut.]

IV.

L'ASTAZOU PAR LE NORD : SWAN.

Pendant ce temps, un des épisodes les plus tendus du pyrénéisme de prouesse. En deux actes (et en deux articles de l'*Annuaire* du C. A. F.).

A Gavarnie toujours. Le jeune ami du comte Russell, l'anglais Swan, des hussards de la princesse de Galles, membre du Club Alpin français, et qu'on trouve dans des tournées de pics pyrénéens en 1882-83.

La question s'est posée, dès longtemps, dans les transcendantes conversations entre pyrénéistes à l'hôtel des Voyageurs, de savoir si on pourrait « faire » par le Nord ce grand môle coupé d'un couloir de neige, l'Astazou, que de l'hôtel même on a constamment sous les yeux. *C'est une provocation perpétuelle !* dit Brulle, qui, en vrai duelliste — un *raffiné* qui semble échappé de la *Chronique de Charles IX* — ne tolère pas qu'un pic le regarde de travers.

Le 16 septembre 1885, Swan, décidé à tenter le coup, part à sept heures du matin, avec Henri Passet, vers le Pailla. Trois heures après les deux ascensionnistes sont en pleine détresse dans le glacier Nord de l'Astazou, et point certains d'en sortir.

Soit disposition spéciale du glacier cette année-là, ou disposition des ascensionnistes, ou hasard malheureux de leur trajectoire, les « difficultés » sont accumulées, terribles. Première crevasse, obligés de débarquer sur le rocher de gauche; très difficile. Reprise du glacier, deuxième crevasse, immense, barrant tout; il faut y descendre, et remonter le mur d'en face à pic: grande difficulté; une avalanche tombe sur la droite, du volume de l'hôtel de Gavarnie: frisson. Ceci franchi, et la difficulté paraissant finie, bergschrund, et paroi de rocher lisse de quinze mètres de hauteur. Les ascensionnistes n'en mènent pas large. Mais ce qui est très gentil chez Swan, et dont il faut lui savoir gré, c'est qu'il ne cherche pas à faire le malin. « *Certainement, en nous apercevant de la grande folie que nous avions entreprise, nous aurions volontiers rétrogradé, mais il était impossible de faire un pas en arrière sans risquer de se tuer.* » La paroi est grimpée avec la plus grande difficulté. Alors pont de glace d'une longueur étonnante et aussi mince que possible. On passe dessous. Et subitement le plus terrible des obstacles : un vide d'une profondeur gigantesque entre les ascensionnistes et la partie supérieure du glacier. *Vous ne passerez jamais sur une pente pareille sans tomber,* dit Henri, *mais nous y sommes, nous ne pouvons pas*

rester ici. Pour atteindre la pente il faut faire une enjambée
d'un mètre cinquante, et on se trouve ensuite sur un pont de
glace si mince qu'à chaque coup de piolet il tremble. Au
moment de faire cette enjambée, Swan entend Henri
murmurer: *Si jamais j'écoute encore un étranger, je veux
être pendu* (il tiendra parole). « Henri dut tailler des pas,
tant pour les mains que pour les pieds, se tenant avec un
pied et un genou sur la pente à laquelle son corps frottait
tandis qu'il taillait : au moindre faux mouvement une chute
mortelle dans la grande crevasse en bas était immanquable. »
Pour peu que les Pyrénées désirent se défendre par mort
d'homme elles n'ont qu'un signe à faire.... Mais non ! vis-à-
vis des assauts des alpinistes elles adoptent l'impassibilité.
A onze heures trente, enfin, Henri et Swan débarquent sur
le rocher gauche. « Nous nous assîmes pour revenir à nous-
mêmes et Henri me dit, en fumant une cigarette (l'éternelle
cigarette d'Henri Passet !) : *Je fume maintenant avec
plaisir, mais la dernière que j'ai fumée, je l'ai fumée
sans savoir ce que je faisais.* » Ils ont d'abord un mauvais
pas sur la roche, obligés de se déchausser, puis tout
s'arrange soudain, et, sans difficulté, ascension par le rocher,
cime orientale à midi trois quarts, passage par la crête au
pic occidental, et redescente par le chemin habituel de
l'Astazou.

Et tout ça pour — en rentrant à Gavarnie — s'entendre
dire par « certaines gens » (? ? ?) que quand on n'a point
voyagé dans les Alpes on ne sait point ce que c'est qu'un pic
réellement difficile... ! Rage de Swan. Ah ! c'est comme ça ?
Il la couve un an. Puis, l'épaule cassée par son cheval, et les
médecins militaires lui défendant les ascensions, il saute
d'Angleterre à Saint-Christophe-en-Oisans, où il a donné
rendez-vous à Gaspard et à Henri Passet. Et pan ! l'aiguille
du Plat. ; pan ! la Meije (dans sa colère faisant le « pas du
chat » sans s'en apercevoir ; et au sommet criant *Tally-Ho,*

« comme en Angleterre pour la mort d'un bon vieux renard »
et jouissant pendant vingt minutes d'un panorama admirable :
bravo, Swan !). Le mauvais temps l'empêche de s'appliquer
les Ecrins ; furieux, il fait un Mont-Blanc, ce qui ne vaut pas
la peine d'en parler (d'ailleurs, atroce). Et pan ! le Dru (et
allez donc !), l'occidental, la cinquième ascension, le sommet
atteint avec Gaspard fils, le père restant trois mètres au-
dessous pour prêter son épaule, et Henri cent mètres plus
bas, « ayant vu autant du Dru qu'il voulait. » Et ce temps
affreux l'empêchant de continuer, il saute aux Pyrénées : le
16 septembre il fait le Cylindre avec sa sœur qui manque de
se tuer dans une chute de vingt-cinq mètres sur le rocher ;
il fait le Balaïtous par la cheminée Est : « je prétendais que
le Balaïtous n'est jamais difficile, j'avoue mon erreur », et
conclut enfin : « le Dru infiniment plus dangereux que la
Meije : mais Henri et moi nous sommes cependant convaincus
que ni le Dru, ni la Meije ne peuvent, malgré la longueur,
être comparés à notre ascension de l'année dernière à
l'Astazou dans les conditions où nous l'avons faite. »

V.

LE MARBORÉ PAR LE CIRQUE.

Janvier 1887, Brulle et Bazillac (tous deux de l'Alpine
Club, sur la proposition de Russell et Packe), tentative au
Balaïtous. Obligés de revenir, dix heures dans la neige
jusqu'au cou par une tempête terrible. — De Monts : le Pic
Long.

Reprise des exercices du cirque de Gavarnie.
Dans la saison d'été : Bazillac avec Célestin Passet ;
première ascension du « Pic entre les Brèches » (de la crête
comprise entre la Brèche de Roland et la Fausse Brèche).

Puis un coup superbe de Célestin (saluez Célestin, il devient la cheville ouvrière du pyrénéisme de difficulté) accompagné de son jeune fils, et menant Bazillac et de Monts : *l'ascension du mur de la cascade de Gavarnie.*

Qui l'eût dit ? Dusaulx ! Azaïs ! Il y a cent ans, 1787, Ramond exécutait (gaillardement d'ailleurs : chemin de contrebandiers) la montée du fond du cirque à droite, route de la Brèche. Aujourd'hui 1887, voici le pendant à gauche (redoutable : chemin d'alpinistes).

Prenant le mur *à soixante mètres à droite de la cascade* (rive gauche), Célestin, Bazillac et de Monts arrivent à l'extrémité Est du premier gradin. Ils reviennent à Gavarnie par les Sarradets. A eux la première manche !

Et la seconde. Un autre jour revenant par les Sarradets, ils se replacent à leur point d'arrivée sur le premier gradin, reprennent l'ascension du mur du cirque sous le Marboré, deuxième étage, *extrêmement difficile*, et aboutissent directement au point de chute de la grande cascade : retour par les Rochers Blancs....

Janvier 1888. De Monts, avec Bazillac : le pic des Hermittans, sans guide. Pas de difficultés, mais à Espingo un pataugeage atroce dans la neige molle, on tombe dans des trous, d'où on s'arrache mutuellement avec difficulté. Bazillac sert à la montagne un répertoire d'injures. Au sommet, récompense : une vue merveilleuse. Après repos au lac d'Oo, le lendemain, avec Célestin, le Crabioules. Vent épouvantable, tourbillons de neiges, Bazillac criant à la tempête : *il y a du monde par ici !* On vise naturellement la plus drue des deux pointes « un mur de cent-cinquante mètres rappelant le Cervin, avec la hauteur en moins. Enlevé haut la main. » Et pendant que Bazillac descend au lac d'Oo, de Monts va faire le Perdighère, où il souffre atrocement du froid. Le soir longue causerie autour d'un

grand feu dans l'hôtellerie du lac. Au retour de Bazillac
à Mirande, il neige ; joie d'avoir quelques jours « l'illusion
des glaciers et des pentes éblouissantes de blancheur ».

Dans l'été, Bazillac, le Fulsa : « une énorme désillusion ».

En août, Bazillac avec de Monts va réitérer son « Pic
entre les Brèches », que fait aussi, avec Henri Passet, un
bibliothécaire de la Bibliothèque Nationale, Viennot, lequel
toujours avec Henri Passet, va monter bon second le
fameux mur de la Cascade.

Grand changement dans la vie de Brulle. Marié, obligé
d'adopter un séjour d'été (de devenir *centrist*, pour le dire
en anglais comme il convient) il se fixe chaque année pendant
le mois d'août à Gavarnie. Alors, enfermé dans une circon-
férence restreinte, il cherche du nouveau. Il se propose donc
de « travailler le Cirque ». Il faut bien (c'est lui qui parle)
pour trouver du nouveau, aborder les itinéraires fantaisistes
et chercher la difficulté. Naturellement elle se rencontre.

Quelquefois elle dépassera les prévisions et le salut se
trouvera en suspens.

Pour ses brèves notes (dans le *Bulletin Sud-Ouest*),
Brulle fait une trouvaille, un titre : *Vieux pays, courses
nouvelles !*

Titre charmant et qui en dit long ! Comme il s'éloigne, le
pyrénéisme de découverte ! A présent le sport, et aux Pyrénées
(où la difficulté n'est pas obligatoire, mais artificielle, voulue,
et créée de toutes pièces) l'art de faire difficilement les
pics faciles. Mais chez cette génération, quelle énergie !

Et d'abord, Brulle, Bazillac et de Monts vont retâter de
l'Astazou par le Nord, le récit « émouvant » (certes !) de
Swan étant « bien fait pour appeler sur ses traces ».

Bazillac et de Monts, « idylliques », s'offrent une nuit à la
belle étoile dans le vallon du Pailla : emportant des provi-

sions de bouche, sacs à dormir, « et autres inutilités de tout
genre », dit Brulle qui, lui, est pour le travail sérieux et
d'un seul coup. A six heures du matin il a rejoint ses
compagnons : froid noir. « On alluma du feu ; Bazillac tint
à étaler son talent tout nouveau de cuisinier — il excelle en
effet dans la julienne, mais il en tire vanité. » Et on en vient
à l'action. Hélas ! Voyez la malechance et la désillusion !
voici que le glacier de l'Astazou se montre bien plus facile
que pour Swan : deux crevasses, sans plus. « Cela soit dit
sans aucune espèce de critique », croit devoir ajouter Brulle,
« les glaciers sont si changeants ! » (Et les secondes fois si
différentes des premières.) D'ailleurs Henri Passet ne lui
a-t-il pas confirmé avec détails les énormes difficultés qu'il
eut à vaincre.... L'Astazou enlevé par le Nord comme en se
jouant, Célestin a heureusement à offrir une descente de son
invention sur Estaubé, « compliquée ». Il n'y faudrait pas
être pris par le brouillard.

C'est après cette ascension que Brulle (avec Madame Brulle)
Bazillac et de Monts, pratiquent la fameuse villégiature
Vignemale devant les grottes du comte Russell : tente spa-
cieuse avec lits articulés « mieux faits pour des satrapes
que pour des alpinistes », enceinte de neige, avenues, plates-
bandes fleuries de silènes et d'androsacées : « le train de
maison et la table répondaient à cet extérieur » *(il y avait
même des vaporisateurs !* a dit Russell).

Mais bientôt, trêve à cette vie de « satrape », et redevenons
gladiateurs. On prend congé du roi du Vignemale : *Ave,
Russell, morituri* (sait-on ce qui peut arriver ?) *te salutant.*
Et, de nouveau, dans Gavarnie — ce Colysée de la nature,
comme l'appelle Hugo — les jeux du Cirque !

Monter au Marboré tout droit !

Sur cette belle ascension, une page de Brulle, page

type : brièveté, netteté, le grain d'humour et le brin de coquetterie.

Bazillac et de Monts, blasés sur la première partie de l'affaire, partent avec un ami (Pascal) et « ne manquent pas l'occasion de s'offrir une nuit en plein air ». Paresseux ! « Ils préfèrent faire l'ouvrage en deux fois », sourit Brulle. « Toute l'après-midi, ils offrirent aux gens de Gavarnie le spectacle de télescopiques marionnettes s'escrimant sur les névés glissants du deuxième gradin. » Bref, ils font là *le tour du cirque par le second gradin.* « Au coucher du soleil on les vit disparaître derrière le sommet de la cascade.... »

Le lendemain 17, à quatre heures du matin, Célestin et Brulle, parti de l'hôtel Vergez, entament le mur de la cascade. « Célestin se met à grimper comme un chat et je le suis comme je peux, tâtonnant à droite ou à gauche quand l'obstacle est au-dessus de mes moyens. Il y a des choses plus faciles et d'autres moins commodes qu'elles n'en ont l'air, mais la corde est inutile. » Aux deux tiers du chemin se trouve l'endroit critique. Coûte que coûte il faut suivre une corniche large de deux pieds, inclinée comme un toit sur le vide et recevoir au passage toute une cascade sur la tête. « Ne vous pressez pas, vous glisseriez jusqu'au fond du cirque. La douche entre par le cou et ressort par les pieds, moins bien entendu ce qu'en peuvent retenir la chaussure et les poches. Vous sortez de là trempé, les habits collés au corps, grelottant.... Ici pas d'inconvénients, au bout d'une heure on sec. » On atteint le premier gradin (à six heures) qu'on traverse pour s'engager dans un raide couloir aboutissant à ces bandes de rochers contournées en trois arceaux fort reconnaissables de Gavarnie. « Le premier consiste en une corniche inclinée où la précaution est de rigueur et qui finit dans le vide. La difficulté est d'atteindre le second, difficulté dont la solution coûta l'année dernière trois quarts d'heure d'efforts et de recherches à Célestin et de transes à ses compagnons. Cette fois il faut se déchausser, car l'obstacle est vraiment terrible. On monte d'abord de deux mètres sur une roche glissante, on se laisse descendre à gauche sur le dos, entre deux dalles, jusqu'à ce que les jambes pendent dans le cirque ; en ce moment on se redresse doucement pour escalader une cheminée de quatre ou cinq mètres où l'eau ruisselle et au milieu de laquelle une bosse tend à vous rejeter en arrière. Quand Célestin est hors d'affaire, je lui lance une corde, opération délicate, car on ne jouit pas d'une aisance parfaite, et après m'être solidement attaché, je répète sa manœuvre, confiant, si le besoin s'en faisait sentir, dans sa poigne vigoureuse. » Une demi-heure après (huit heures) le campement de Bazillac et de Monts est atteint.

A dix heures, départ général, le troisième acte commence. On traverse le glacier et le petit cirque de la Cascade, on s'élève dans ce grand couloir de neige qui, regardé par ceux qui descendent de la brèche de Roland, paraît vertical. De près il est maniable, « parfait » n'étaient les chutes de pierres. Puis, rochers à gauche, petite esplanade d'où s'aperçoit le village de Gavarnie, et à une heure la partie est gagnée, le « Marboré par le cirque » est fait.

(En réalité, fait en deux ans, et en trois fois.)

Brulle conclut : « *Toute cette course est de premier ordre, et même en venant des Alpes on en sera satisfait* ».

Après cela tout est pour paraître moins savoureux. Simples « saynètes », le « Pic entre les Brèches, 3,000 », même quand il est difficile à cause du verglas (« les doigts refusant tout service, Célestin ne sait plus si ses pieds sont à l'appui ou dans le vide : la situation devient critique, pendant vingt minutes, croyant à chaque instant lâcher prise, nous nous écrasons les membres à grands coups contre la roche glacée afin d'y ramener la vie... »), le Casque par le Nord, et le vertigineux Pic Rouge de Pailla (pic d'Allanz : une vieille conquête de Lequeutre) qui semble une dolomite....

C'est toujours par les pics de grand premier ordre qu'est provoqué l'intérêt, même en matière de pure difficulté.

Appliqué aux montagnes subalternes, le goût de la « difficulté » confine à la manie. Il agace plus qu'il n'émeut.

VI.

LE MONT-PERDU PAR LE NORD.

Or voici une grande « première », qui fait tout pâlir.

De Monts vient de faire le Mont-Perdu par le Nord !

(Conduit par Célestin, assisté de Salles-Bernat, guide de Gavarnie : un montagnard qui balance avec rythme et enjouement son grand corps long.)

Par le Nord, entendez : entièrement par le Nord, sans faire le crochet par le col du Mont-Perdu. De Tuquerouye, à plein pic, en remontant ce que quatre-vingt-onze ans auparavant Ramond a appelé *« ces glaciers qui débordent et se versent les uns sur les autres en immobiles cascades »*.

En 1797, le grandiose et perplexe monologue de Ramond, dans l'émotion et l'intimidation de l'aire désolée et de la silencieuse enceinte. Par où atteindre le Mont-Perdu ? D'un côté des rochers arides et déchirés qui menacent incessamment leurs bases de la chute de leurs cimes, de l'autre des glaces tristement resplendissantes d'où s'élèvent des murailles inaccessibles, à leur pied un lac immobile et noir de profondeur ! L'ascension directe par le Nord ? jamais ! La route de ces cimes est fermée par le désordre de leurs glaces et l'escarpement de leurs flancs. Nulle comparaison entre les murs gravis jusqu'à Tuquerouye et ceux dont il faudrait risquer l'escalade. Comment trouver un passage dans cette pile de glaciers et de murailles ? Et encore, ces glaciers, on n'en a point d'idée si on ne les a vus de près, en traversant, en allant se placer à leur pied même, au bord de l'effrayant balcon qui domine la vallée de Béousse. Rien ne supplée à la proximité dans ces sites extraordinaires où toutes les grandeurs manquent de module. Tous les calculs sont au-dessous de la réalité une fois qu'on a vérifié la gigantesque proportion du glacier : l'étonnement augmente à mesure que ses dimensions s'agrandissent, on ne commence à se faire une juste idée de cette majestueuse avant-scène du Mont-Perdu qu'au moment où elle va vous échapper subitement derrière le rebord de la terrasse. « D'immenses rochers de glace accablent de leurs poids les gradins démembrés de la montagne, et trois de ces étages sont chargés de ces amas de pointes bizarres qu'on ne peut comparer qu'à des vagues solides. Leur base est d'une épaisseur énorme, elle plonge verticalement dans le lac, et les cavernes dont elle est percée y vomissent l'eau par torrents. Une de ces voûtes se fondit devant nous, en éclatant elle rendit le seul son qui ait frappé ici notre oreille, et ce son était celui du tonnerre. »

Aujourd'hui, le Mont-Perdu par le glacier Nord, à travers des séracs et des crevasses à rendre les Alpes jalouses : admirable ascension ! Par dessus le marché, difficile à souhait. Connue par quelques fragments de lettre particulière (*Bulletin Sud-Ouest*, janvier 1870).

« Nous étions au point du jour au pied du glacier et nous franchissions par le milieu le gigantesque escalier dont chaque marche offre à l'œil des merveilles nouvelles : obélisques immenses, cathédrales magnifiques de glace vive et bleue ! Impossible de deviner au loin l'existence des abîmes et des cavernes que nous avions sous les pieds, des voûtes splendides qui s'élevaient au-dessus de nos têtes. La muraille gravie, nous pûmes, grâce à des ponts de neige, traverser directement la partie plane du glacier, bien plus étendue qu'on ne peut se l'imaginer. Malgré les splendeurs que nous venions de parcourir, les crevasses que nous rencontrions nous arrachaient des cris d'admiration. Ce n'était plus le chaos mais au contraire l'ordre parfait. Nous avions sous les yeux des murailles absolument verticales et rigoureusement parallèles. Évaluer leurs dimensions est impossible. En croyant exagérer on resterait au-dessous de la vérité ; quoique ayant pu poser mes brodequins à fleurs de leurs bords, tellement ils étaient nets, je n'ai pas le plus souvent distingué leur base qui se perdait dans la nuit. Plus haut les pentes se redressent ; nous arrivons à des rochers, très mauvais, les clous n'y peuvent mordre ! Célestin ôte ses chaussures, c'est tout dire. Une dernière pente de glace que nous montons à pic en taillant des marches nous mène aux derniers rochers, très difficiles. Enfin nous voyons la neige à gauche (Est). Nous l'atteignons, et après une marche de cinq à six minutes S. S. O., nous nous asseyons au sommet.

« Cette course n'est pas à conseiller à tous les touristes, mais on doit les engager tous à visiter plus ou moins le glacier. Le bombardement est continuel ; le milieu est un peu préservé, les séracs s'arrêtent généralement dans les crevasses, et cette canonnade est d'un grand effet lorsque descendu dans un gouffre, louvoyant au milieu des projectiles amoncelés, on voit les pareils suspendus sur sa tête et l'on entend les détonations formidables de ceux qui tombent au loin. Il y a peut-être un peu de danger, mais on n'y pense pas, tout est si beau !... »

Eh bien ! mais voilà une page capitale ! Elle est de de Monts.

Le Mont-Perdu par ses cascades de glace : ascension utile ? ascension pas nécessaire, le pic étant déjà fait ?

Dites ascension indispensable ! Il était indispensable que le Néthou fût pris par le Sud et le Mont-Perdu par le Nord....

C'est la seconde partie du chapitre ouvert par Ramond avec la montée de Tuquerouye !

Indispensable et splendide.

Et comme à la page de Ramond celle de de Monts répond bien !

Brulle est piqué au vif. « M. de Monts » soupire-t-il, « vient d'accaparer à lui tout seul la meilleure des quelques trouvailles qui restent à faire à Gavarnie en fait de variantes intéressantes. Mais qu'on ne croie pas qu'après cet exploit le dernier mot soit dit. Condamné à des horizons bornés la nécessité me rendra inventif *et je soupçonne que j'ai déjà pour la saison prochaine quelques nouveaux tours dans mon sac.* »

En effet — pendant que de Monts prémédite l'ascension d'hiver du pic d'Ossau — il a trouvé où prendre lui aussi, à l'autre bout de l'histoire pyrénéiste, son « échelle de glace » et il est résolu à jouer son va-tout.

VII.

1889. — LE COULOIR DE GAUBE.
CÉLESTIN PASSET.

Le 6 août 1889, grand branle-bas dans l'hôtel de Gavarnie. Agitation, préparatifs de départ d'une expédition de cinq hommes. Surtout appréhensions chez ceux qui restent, transes, désespoir même (Madame Brulle est à Gavarnie). Cette fois, c'est un sport absolu — et une folie pure — que ces hommes vont risquer.

Brulle a trouvé ce qu'il rêvait : un coup à faire aux Pyrénées qui soit plus « Meije » que la Meije elle-même.

Sur le Vignemale.

Sur le Vignemale vu par le Nord, des Oulettes de Gaube. De là, n'est-il pas un pic de tout premier ordre « sublime et terrible à contempler » a dit Russell ? Bien mieux : n'a-t-il pas le profil même de la Meije vue par le Sud (mais inversé : le sommet à droite) ? Et contre le mur de la Pique-Longue, montant d'un trait, verticalement, jusqu'au grand névé supérieur, un pli vertigineux, effrayant, obscur, impénétrable, l'air oblique et menaçant : le COULOIR DE GAUBE.

Depuis dix ans il hantait Brulle, ce sombre et mystérieux couloir, contre-partie du Clot de la Hount. Et plus Brulle le voyait, plus il le croyait infaisable. Mais résistez donc à une obsession ! « *Le Vignemale me provoque !* » Il finit par relever le défi. Pour seconds, il s'est adjoint Bazillac et de Monts. Il a endoctriné Célestin, et avec lui Salles....

L'expédition passe la nuit aux nouvelles grottes « Belle-Vue » (creusées sous le col d'Ossoue) avec Russell à la fois désespéré et exaspéré à l'idée des dangers où courent ses amis, qui ne savent même pas comment l'intérieur du couloir se comporte et ce qu'ils y pourront trouver ! Scandaleux de bravoure ils montent pour le sport, « pour rien, pour le plaisir », pas même pour le dire, car les péripéties de leur ascension ne feront le sujet d'aucun récit spécial et ne seront connues que par quelques fragments de lettres (*Bulletin Sud-Ouest*, 1890) ou par les conversations de Gavarnie....

Le 7 au matin passant le col d'Ossoue et traversant le glacier Nord, les ascensionnistes sont au pied du couloir. Par précaution des hommes ont été expédiés par Ossoue vers le sommet, pour empêcher les touristes qui pourraient se trouver au pic ce jour-là d'envoyer des pierres, sport favori des guides de Cauterets et d'ailleurs (et voilà le point faible de l'ascension « inutile »). Les cinq hommes s'attachent à longue distance, Célestin en tête, puis Brulle, de Monts, Bazillac et Salles....

C'est la gloire des touristes de concevoir les attaques : ceci fait c'est la gloire des guides de les exécuter. Mainte-

nant, Célestin est le héros de l'expédition. Le salut repose
sur lui.

On aborde la bergschrund, ou plutôt la rupture de la
colonne de glace du couloir sous son propre poids : la lèvre
supérieure formant mur lisse de glace bleue en surplomb.
Des ponts peu sûrs permettent d'aborder un promontoire de
rocher à gauche : surface polie, très dure à escalader,
surmontée d'une corniche de neige dure que Célestin doit
entamer profondément. Ci : une heure et demie de travail
pour ces diverses « difficultés ». Ici on se décorde. Désormais,
chacun pour son compte.

La pente du couloir est dès le début assez forte, augmen-
tant toujours ; la neige, qui ne voit jamais le soleil, très
dure. Une profonde rainure occupe le milieu du couloir,
c'est le passage des débris et projectiles qui descendent.
L'ascension va se faire à gauche de cette menaçante
trajectoire.

Les cinq hommes s'engagent dans le couloir glacé et
glacial. Célestin commence à tailler....

Longtemps, longtemps, des heures, ils montent, montent,
sans autre difficulté que de passer d'une marche à l'autre —
Célestin les faisant décidément bien espacées ! Et il taille
toujours, cent marches, deux cents, cinq cents, huit cents....

A la moitié, à un endroit où le couloir envoie un petit
bras sur sa gauche, l'ascension se corse, devient « sévère » :
la pente est « excessivement forte » et la glace très dure.
On reste décordés : à la corde, ici, le faux pas de l'un ferait
la perte de tous. On côtoie la paroi de gauche qui offre un
peu d'appui, mais pas une saillie pour s'accrocher. Les heures
passent. Midi. Froid vif, aucun moyen de s'en défendre : les
plus grandes précautions devenant nécessaires, chacun ne
bouge qu'à son tour. Célestin taille toujours.

Il a taillé plus de onze cents marches, quand on est arrêté

net par un obstacle formidable, en vue depuis longtemps, mais qu'on espérait pouvoir tourner. Un à-pic absolu de glace couvrant un rocher qui bloque absolument le couloir ; il peut avoir cinq ou six mètres et surplombe légèrement en haut. Pendant que les quatre autres demeurent plaqués sur la neige, gelés, angoissés, Célestin attaque deux fois, cramponné d'une main, manœuvrant son piolet de l'autre, sans pouvoir sculpter dans une glace si dure les entailles nécessaires. Il se déchausse, veut essayer les rochers de gauche : aucune prise.

La situation devient terrible. Et d'une longueur! Deux heures bientôt! Oui, deux heures, immobiles sur des marches qui s'effritent peu à peu, dans une paroi presque verticale, n'osant pas faire un mouvement, engourdis, glacés. On songe à redescendre. Horriblement dangereux. Même impossible: on n'aurait pas le temps ; les pas devraient être doublés de nombre et il est trois heures. Jamais on ne parviendrait à franchir la bergschrund avant la nuit et la perspective de passer la nuit dans le couloir est affreuse.

Eh bien ! à se casser les reins, mieux vaut que ce soit dans l'offensive ! Célestin se rechausse et pour la troisième fois aborde le mur de glace. Cette fois il a pris le piolet de Brulle, très léger, bien équilibré, avec une pointe longue et fine (un jour, à la Concordia Hütte, Brulle en avait donné la commande à Gottlieb Meyer. Meyer s'était tué le lendemain au Schreckhorn, et son vieux père, ayant trouvé le billet dans la poche de son fils, avait fait faire le piolet et l'avait envoyé à Brulle). Entre les mains de Célestin il fait merveille. Les éclats de glace vigoureusement enlevés tombent d'aplomb sur les têtes, sur les doigts des ascensionnistes qu'ils risquent de décrocher des étroites et précaires saillies où ils se soutiennent grelottants, croyant que Célestin suspendu sur eux va fatalement lâcher prise, glisser, et alors c'est la fin pour tous. Il est effrayant à voir. « Jamais

je n'arriverai » dit-il. Puis peu à peu, il approche du haut
de l'obstacle. Que va-t-il trouver ? Pourra-t-il prendre pied ?
Enfin son genou peut poser sur la crête du mur....

Il lance la corde, et, en le prévenant que lui-même n'est
pas solidement établi, appelle Brulle qui a toutes les peines
du monde à arriver sans secousse. Alors tous deux assis sur
le coin du rocher, se mettent à hisser de Monts ; cri de Salles,
violente secousse... de Monts a dérapé et se balance comme
un pendule sur la tête de Bazillac. (Si les âmes de Dusaulx
et d'Azais rôdent en ce moment dans les Oulettes de Gaube,
pour elles quelle stupeur !) Une minute d'angoisse poignante.
De Monts arrive.

Pour faire de la place, Brulle dégage le rocher en conti-
nuant l'ascension pour son compte. Venant, par dessous la
glace, du glacier supérieur, apparaît une cascade qui disparaît immédiatement pour ne plus se faire voir. L'escalade,
excessivement raide, est un peu aidée par les stalactites de
glaces, poignées toutes faites.

Célestin reprend la tête et continue à tailler. Bientôt les
appels des sentinelles d'en haut se font entendre, auxquels
on répond joyeusement. Peu à peu on aperçoit les hommes
de garde se profilant en plein soleil. Ils lancent une corde :
et on s'y cramponne sans vergogne, tant il tarde de sortir
du gouffre glacé où l'on est enfermé depuis plus de sept
heures.

Et successivement les ascensionnistes sortent et s'étendent
au soleil. Russell, inquiet, d'un contrefort du Vignemale
guette la sortie, et comme il y a un long intervalle après
de Monts, il croit à un malheur pour les autres et se déses-
père. Enfin voici les deux derniers. Il est quatre heures et
demie. Célestin a taillé plus de treize cents marches. Il
déclare qu'il n'aurait jamais pu franchir l'obstacle sans le
piolet de Brulle (ce petit piolet sauveur, vaillant comme une
épée, vient de gagner le nom qu'il portera désormais :

Fleur-de-Gaube). Mais comme son cousin Henri après l'Astazou, il va à son tour jurer que plus jamais il ne se risquera dans de pareilles affaires.

Les audacieux — la fortune leur fut **clémente** — montent vite au sommet de la Pique-Longue (l'ascension est donc: le Vignemale par le Nord) et descendent au galop aux grottes Belle-Vue où les attend, avec un punch brûlant, le comte Russell, joyeux mais point content, bon et ironique, qui les reçoit par cette recommandation :

« *La prochaine fois, il faudra le faire à reculons.* »

Un jour de repos. Puis Brulle, Bazillac, de Monts s'en vont recommencer le Mont-Perdu par le Nord: *la plus belle ascension des Pyrénées*, disent-ils.

Quelques mois après Bazillac écrit à Brulle cette lettre enragée :

« *Mirande, 26 décembre 1889. — Comme le temps passe vite, mon cher ami: voilà bientôt cinq mois que nous étions, un peu frémissants, à la veille d'escalader la brèche de Gaube.... Voilà qui est enlevé depuis longtemps et il ne nous reste qu'un peu de gloriole et un vague souvenir de la difficulté vaincue.*

« *Cela doit-il éteindre notre ardeur? Non mille fois et je rêve plus que jamais grimpades et casse-cou. Mais je me demande avec une vraie anxiété ce que nous pourrons dénicher qui n'ait pas été fait et qui soit réputé impossible? Ne pourrait-on trouver pour escalader la Frondella un côté moins commode que celui par lequel on est monté jusqu'à présent? Vous chercherez, et vous trouverez, l'idéal du passage archi-mauvais.*

» *Tous ces projets sont une façon de vous souhaiter une bonne année, car, à mon sens, je ne connais pas de vœu meilleur à réaliser que celui de nous retrouver, la corde*

*au corps, au milieu des crevasses et des rochers. Mon
intention formelle est de refaire l'ascension du Mont-
Perdu par le Nord. Mais dès que je serai arrivé dans les
crevasses je veux y flaner longuement, y faire un repas,
et peut-être y passer une nuit sous la tente, qu'en dites-
vous? On n'a jamais campé ou couché de son propre gré
au fond d'une crevasse et il y aurait un certain charme
à se geler dans ces conditions. Remarquez que pendant
la nuit tout est pris et qu'on a des chances pour qu'aucun
éboulement ne se produise. Nous donnerions une soirée
et avec une multitude de torches et de feux de Bengale ce
serait féerique.... »*

Pyrénées ! montagnes d'amour ! quelles passions vous
faites !

Hélas ! Bazillac ne réalisera pas son projet. Les circons-
tances de la vie vont le séparer des Pyrénées, définitivement.
Pour lui plus de Mont-Perdu par le Nord. Plus rien.

Mais le couloir de Gaube a marqué un *summum*. Le
summum de la « difficulté » (de la difficulté capable d'émou-
voir), de l'alpinisme aux Pyrénées. A la fin des cent ans,
cette ascension dramatique, c'est le spasme convulsif — et
glorieux — du pyrénéisme héroïque.

Le Pyrénéisme alpiniste.

LILLE. — IMPRIMERIE L. DANEL.